走进先贤普及读本

浪漫诗仙

李太白

刘斌◎编著

中国社会出版社

国家一级出版社★全国百佳图书出版单位

图书在版编目 (CIP) 数据

浪漫诗仙李太白 / 刘斌编著 . — 北京 ：
中国社会出版社，2012.1（2022.6重印）
（走进先贤普及读本）
ISBN 978-7-5087-3733-1

Ⅰ . ①浪… Ⅱ . ①刘… Ⅲ . ①李白（701～762）—
生平事迹—通俗读物 Ⅳ . ① K825.6-49

中国版本图书馆 CIP 数据核字 (2011) 第 229341 号

出 版 人：浦善新	终 审 人：张铁纲
责任编辑：魏光洁	助理编辑：刘海飞
责任校对：马潇潇	封面设计：天之赋设计室

出版发行　中国社会出版社　　　　地　　址：北京市西城区二龙路甲 33 号
邮政编码　100032　　　　　　　　编 辑 部：(010)58124851
网　　址：shcbs.mca.gov.cn　　　 发 行 部：(010)58124868
经　　销：新华书店

印刷装订：北京华创印务有限公司　开　本：155 mm×225 mm　1/16
印　　张：11　　　　　　　　　　字　数：116 千字
版　　次：2012 年 1 月第 1 版　　印　次：2022 年 6 月第 3 次印刷
定　　价：39.80 元

中国社会出版社微信公众号　　　　中国社会出版社天猫旗舰店

【目录】

李 白 其 人

李白（701—762年），字太白，号青莲居士。中国唐朝伟大的浪漫主义诗人，被尊称为"诗仙"。

"名不正，则言不顺"，古人起名字是件大事，很早以前有个传统，男孩子的名字从《四书》中挑，女孩子的名字从《诗经》中选，乱起名字是很糟糕的，后果很严重。比如唐代诗人李贺和李白、李商隐合称"三李"，号称"鬼才"，但李贺爸爸的名字没有起好，耽误了李贺的前程，也造成这位天才诗人悲剧的一生。

李贺的爸爸名叫李晋肃，"晋"和"进"同音，当时的群众纷纷议论，认为李贺应该避父亲的名讳"晋"，不能去考"进"士，造成诗人的心理压力非常大。后来虽然在韩愈的劝慰下应举赴京，但考得一塌糊涂，七品芝麻官都没考到。只谋到一个九品官的职位，27岁就抑郁而终。

李白为什么名白，字太白呢？据他的叔叔李阳冰说："复指李树而生伯阳，惊姜之夕，长庚入梦，故生而名白，以太白字之。世称太白之精，得之矣。"翻译成现在的口语就是：李白的妈妈在生他的时候，梦见长庚，也就是太白金星，所以给他起名白，字太白。生孩子的时候还在做梦，这个妈妈真是位很随性的人，李白放荡不羁的性格多半遗传自母亲。

讲完李白的妈妈，再说说李白的爸爸。唐玄宗名叫李隆基，他的爸爸是唐睿宗李旦；李旦的爸爸是唐高宗李治；李治的爸爸是唐太宗李世民。但是我们确实不知道李白爸爸的名字，我们只知道四川当地人称呼他"李客"，也就是姓李的客人。不但姓名不详，连身份也不详。有县尉（县公安局局长）说，有商人说，有游侠（李白的剑法来自家传？）说，有隐士说，纷繁复杂，不一而足。我们目前能确定的就是，李白的爸爸因为躲避仇人逃到四川（看起来很像是游侠的经历），于是在四川绵州昌隆县青莲乡隐居起来，所以没有留下自己的真实姓名，因为对当地人来讲他就是客人。所以都叫他"李客"。

那么李白就是四川人吗？抱歉，这个也不能确定。据他的叔叔李阳冰说：是的。可是，据李白的"粉丝"范传正（他是中唐时期的人）说：不是。范传正在翻阅了李白的儿子李伯禽的亲笔记录后，在给李白重修墓碑时，写道："公名白，字太白，其先陇西成纪人。约而计之，凉武昭王九代孙也。隋末多难，一房被窜于碎叶，流离散落，隐易姓名。"他认为李白是碎叶人，也就是唐代的安西都护府所管辖的碎叶城，现在已经不在中国境内了，而是在吉尔吉斯斯坦共和国首都比什凯克以东的托克马克市附近，那里发现了碎叶城的遗址。

但是，这还不算完，李白自己在《赠张相镐二首》其二中说："本家陇西人，先为汉边将，功略盖天地，名飞青云上。"很明确地说自己是陇西成纪人，就是现在甘肃天水一带，并且自称是西凉时期凉武昭王李暠的第九世孙，而据考证，李暠是汉代"飞将军"李广的第十六世孙。

李白自己的考证，记述在了《上安州裴长史书》中。他写道："白本家金陵，世为右姓。遭沮渠蒙逊难，奔流咸秦，因官寓家。少长江汉，五岁诵六甲，十岁观百家。"所谓"沮渠蒙逊难"是说李暠死后，其子李歆即位，被沮渠蒙逊（沮渠蒙逊是匈奴人，沮渠是他的姓）击败。李歆的弟弟李恂，自称冠军将军、凉州刺史，又被沮渠蒙逊杀死。李白家族的一支被迫流落到长安渭水一带。到了他的六世祖的时候，又迁徙到了碎叶城，这时，李白出生了。随后又举家迁徙到了四川。

李白的一生在漫游中度过，游历了大半个中国。20岁时就只身出川，开始到处游历，结交朋友。并且根据盛唐的时尚，拜见名人官吏，通过自己的诗文希望得到引荐，能够步入仕途，去实现理想和抱负。可是，十年漫游一事无成。

虽然事业毫无起色，但却很顺利地成了家。安陆许家是名门望族，祖上许绍是唐朝开国皇帝唐高祖的同学，祖父许圉师是唐高宗时的宰相，李白娶了许家的小姐。

唐玄宗45岁生日的时候，李白决定去都城长安，随即从安陆起程，前往长安。但在各官衙府邸周旋了一番，毫无结果，遂离开长安，四处漂泊。因许娘子病逝，续娶宗小姐。说来也巧，宗小姐的祖父宗楚客也曾经做过宰相。李白先后成为两个前朝宰相家的女婿。

天宝元年（742 年），因友人的推荐，李白被唐玄宗召到长安，成为供奉翰林。写下"云想衣裳花想容，春风拂槛露华浓。若非群玉山头见，会向瑶台月下逢"等名篇佳作。起初颇为唐玄宗赏识，但不到三年就被流言中伤，赐金还乡。

天宝三载五月，"诗仙"李白和"诗圣"杜甫偶遇于东京洛阳，两人相谈甚欢。

天宝十四载十一月，节度使安禄山率领 20 万边防军在范阳开始叛乱。这时，李白正在金陵客居。边防军的战斗力本来就远远超过内地军队，加上太平日久，政府军毫无准备，不久就打到都城长安的门户潼关城下。

这时，潼关守将哥舒翰坚守潼关，同时各地勤王兵马纷纷来援。加上政府军正在积极准备北上攻击叛军老巢范阳，眼看不久就能解决叛军，但唐玄宗误信杨国忠之言，下旨命哥舒翰出战。哥舒翰无奈率军出城，中伏兵败，潼关失守。

唐玄宗仓皇出逃，都城长安被叛军占领。听说安禄山的叛军即将南下，李白带着妻儿老小逃到庐山。唐玄宗下旨命太子李亨担任天下兵马元帅，同时命永王李璘负责长江流域的军事指挥。太子李亨趁机在灵武登基，成为唐肃宗。永王李璘派韦子春赴庐山请李白出山，李白立刻随同永王东巡。不久，永王军队被朝廷宣布为叛军，一场鏖战，永王兵败被杀。李白被丢进浔阳的监狱，罪名是"附逆作乱"。

李白在狱中写下申诉书，由夫人在外四处奔走，不久李白被释放出狱。不料唐肃宗下旨将李白"长流夜郎（属于今

天贵州）"。李白途中遇到大赦，写下"朝辞白帝彩云间，千里江陵一日还。两岸猿声啼不住，轻舟已过万重山。"的诗句。

长安、洛阳两京收复后，朝廷开始呈现出一片太平景象。李白漂泊江湖，诗歌恢复了以往的豪情，"我且为君捶碎黄鹤楼，君亦为我倒却鹦鹉洲。赤壁争雄如梦里，且须歌舞宽离忧。"

李白晚年依旧四处漂泊，居住在族叔当涂县令李阳冰的治所。不久，即捉月而死。

第一章
初 出 茅 庐

少年李白

　　李白出生于公元 701 年，这一年，武则天已经年近 80 岁，她还要在皇位上再坐 4 年。李白 4 岁的时候，武则天退位，太子李显登基，这就是唐中宗。武则天虽然退休了，但是武家的几个亲戚还有她的女儿太平公主都在朝廷上呼风唤雨，皇帝的妻子韦后和他的女儿安乐公主也来干预朝政，每天折腾个不停。

　　李白 8 岁的时候，太子李重俊起事，他杀死了武家的几个亲戚，但自己也被部下杀死。李白 9 岁的时候，韦后和安乐公主毒死唐中宗李显，不久被李隆基解决，平定了这场"韦后之乱"。中宗之弟相王李旦称帝，他就是唐睿宗。太平公主和太子李隆基开始互相攻击。李白 11 岁的时候，唐睿宗传位给太子李隆基，自己称太上皇，主动退休了。李隆基开始动手解决问题，他诱杀了太平公主手下的主要大臣，太平公主被赐死。这一年就是开元元年，也就是"开元盛世"的第一年。

李白（701—762 年），字太白，号青莲居士。中国唐朝伟大的浪漫主义诗人，被尊称为"诗仙"。这个说明每个唐诗选本上都会写到，但是后面所蕴涵的意义却不是每个人都能明白的。

李白出生于公元 701 年，同一年，王维也出生了。若干年后，李白成了"诗仙"，王维成了"诗佛"。这一年，注定是唐诗新纪元的开始。

李白的妈妈在生他的时候，梦见长庚，也就是太白金星，这实在是个好兆头，因为太白金星是文曲星，进士考试之前都要拜文曲星的，似乎冥冥之中表明这个男孩子将来有考中进士的希望，所以夫妇两人给这个孩子起名白，字太白。

按照当时皇帝的纪年，701 年被称为"则天顺圣皇后长安元年"，国号不是唐，而是周。都城不是长安，而是"神都"洛阳。最高统治者不是姓李，而是一位自称武曌的女皇，她更广为人知的名字是武则天，这一年，武则天已经年近 80 岁，她还要在皇位上再坐 4 年。

李白 4 岁的时候，也就是神龙元年，即公元 705 年。周已经不存在了，武则天退位，太子李显登基，一切又将回到唐朝，长安又成为政治中心。皇位也回到李氏手中，他就是唐高宗李治和女皇帝武则天的儿子——唐中宗李显。

李显是武则天所生的第三个儿子，在唐高宗的儿子中排行第七，原本和皇帝的继承人没什么关系。但由于几个哥哥或废或死，他就成了太子。在他的父亲唐高宗死后，他继承皇位，但两个月后，就被亲生母亲武则天废去了帝位，降为庐陵王，赶出京城，妻子韦氏也和他一起被废掉，夫妇俩一起被送到房州居住，也就是今天的湖北省房县。

随着武则天年纪越来越老，她越来越对皇位继承人的问题摇摆不定，忽而想传给女儿太平公主，让女人继续做皇帝；忽而想传给侄子，让皇位留在武家。在朝廷中忠于李氏的大臣们的努力下，做过皇帝的李显被武则天从湖北召回，迎至"神都"洛阳，重新立为太子。李显先做太子，又做皇帝，第二次又做了太子，这也是中国历史上的传奇经历。在母亲武则天病重之际，这位"二进宫"的太子在若干大臣（包括宰相张柬之、崔玄玮，左羽林将军敬晖、右羽林将军桓彦范、右台中丞袁恕己等人）的拥护下，被重新推上了帝位，恢复了李唐王朝。

唐中宗李显为嘉奖张柬之、崔玄玮、敬晖、桓彦范、袁恕己，将五人均封为王。但母亲武则天还活着，李显让母亲家的亲戚武三思做了宰相，并且将女儿安乐公主许配给了武三思的儿子武崇训。这样几个由几派势力组建的权力中心，大家各有各的主意，就像一顶基础不牢固的帐篷，平常看起来没什么问题，风一大就东倒西歪了。

如果李白6岁就上了小学，在他小学毕业之前的这几年里，每年都能听到政变的消息，长安城比戏台上还要热闹。武则天虽然退位了，但是武家的几个亲戚以武三思为首，还有她的女儿太平公主都在朝廷上呼风唤雨，每天折腾个不停，把唐中宗吵得头疼。这还不算完，皇帝家的后院也起了火，他的妻子韦后、女儿安乐公主也要学武则天的样子，都来干预朝政；朝廷大臣也纷纷排队，分为几派，每天的朝廷开会就是今天我骂你，明天你骂我，骂得不过瘾，还要开打。太子李重俊由于不是韦后亲生，每天都被人或明或暗的攻击，充满了不安全感。

李白8岁的时候，又是玄武门（唐太宗李世民曾发动政变的玄武门）。太子李重俊起事了，他伙同几个将军，调集了300名羽林军，带兵冲进武府，杀死了武三思、武崇训父子。随后又包围了宫城，杀向韦后和安乐公主的宫室。韦后把唐中宗李显拉上玄武门楼，让皇帝号令李重俊的部下，300名羽林军随即溃散。李重俊逃亡，不久被部下杀死。

李白9岁的时候，也就是公元710年的6月，韦后想学武则天，她的女儿安乐公主想做"皇太女"，将来继承皇位，唐中宗李显被这母女两人毒死。这时，朝廷中的李家人以相王李旦为首，他是唐高宗的第八个儿子，唐中宗的弟弟。相王李旦的儿子李隆基和太平公主的儿子薛崇简一起杀掉了韦后，拥立李旦为唐睿宗。李隆基成为太子，太平公主的三子封王。

但是李旦没有强硬的手腕来管理这个烂摊子，朝廷依旧乱哄哄的。太平公主和太子李隆基开始互相攻击。此时中央共有7位宰相，其中有5位是经由太平公主任命的。唐睿宗李旦坐了几年皇帝的位子，实在坚持不下去了，他决定退位。

李白11岁的时候，也就是公元712年的8月，唐睿宗传位给太子李隆基，自称太上皇，主动退休了。

第二年，李隆基开始动手解决问题，他诱杀了太平公主手下的主要大臣，包括左、右羽林将军和宰相，太平公主逃入南山佛寺。太上皇李旦想让儿子李隆基豁免太平公主，被拒绝。太平公主最终被赐死。在打压了这几派势力以后，朝廷上恢复了平静，总算结束了这些年的混乱局面。这一年就是开元元年，"开元盛世"的第一年。

这一年，李白住在四川绵州昌隆县青莲乡，也就是现在的四川省江油市青莲乡。

那么，李白就是四川人吗？当时如果有人去采访李白的话，他肯定说"不是"，李白一向自称是"陇西人"。

李白在《赠张相镐二首》其二中说："本家陇西人，先为汉边将，功略盖天地，名飞青云上。"很明确地说自己是陇西成纪人，就是现在甘肃天水一带，并且自称是西凉时期凉武昭王李暠的第九世孙，而李暠是汉代"飞将军"李广的第十六世孙。

可是别人却不认为李白是甘肃人，李白的"粉丝"范传正经过考证后，在他给李白重修墓碑时，写道："公名白，字太白，其先陇西成纪人。约而计之，凉武昭王九代孙也。隋末多难，一房被窜于碎叶，流离散落，隐易姓名。"他认为李白是碎叶人，也就是唐代的安西都护府所管辖的碎叶城，现在已经不在中国境内了，而是在吉尔吉斯斯坦共和国首都比什凯克以东的托克马克市附近，那里现存碎叶城的遗址。

但是不管怎么说，李白在四川度过了自己的童年，这是确定无疑的。时间过去了1000多年，普通话和唐朝人说的话听起来已经变化很大了，李白的许多诗读起来也已经不押韵了，但是用四川话朗诵的话，还是朗朗上口的。

❧ 读书和学剑

开元年间，唐朝进入全盛时期。经济发达，国力强盛。唐玄宗对科举制度进行调整，减少了进士科及第的人数，调整了考试的科目，诗歌成为进士科考试的主要内容。父亲便有意培养李白读书考科举，但李白认为进士的"试帖诗"格律要求太严，不合自己的胃口，写不出好诗文来。

所以，他只读书吟诗，无意科举。父亲读过李白的作品之后，对他的天分和才情都很欣赏，便改变了自己的想法，筹集了一些银钱，让儿子离开家乡，去附近的州府游历。不久，李白拜名士赵蕤为师，攻书学剑。

开元年间，唐朝进入全盛时期，大唐是世界上最强盛的国家，史称"开元盛世"。据当时人的记载："至（开元）十三年米斗至十三文，绢一匹二百一十文。东至宋（今河南省商丘南）、汴（今河南省开封），西至岐州（今陕西省凤翔），夹路列店肆待客。酒馔丰溢。每店皆有驴凭客乘，倏忽数十里，谓之驿驴。南诣荆襄（今湖北省江陵、襄阳），北至太原、范阳（今北京），西至蜀川（今四川省成都）、凉府（今甘肃省武威），皆有店肆，以供商旅，远适数千里，不持寸刀。"简单地说，就是由于粮食丰收，物价低廉，商业繁荣，交通顺畅，社会稳定。据史籍记载，到开元二十年

（732年），大唐人口共45,431,265人，比唐朝初年人口数量翻番。经济发达，国力强盛。唐玄宗尚感不足，他大力提倡文化事业，亲自下令群臣访求古籍，前后共觅得图书近5万卷。

接着，唐玄宗对实行的科举制度进行了调整。首先，减少了进士科及第的人数，以精减官吏数量，提高官员的整体素质。其次，调整了考试的科目，诗歌不再仅仅用来歌咏抒怀，而成为进士科考试的主要内容。

这时的李白所在的四川绵州属于唐朝的剑南道。剑南道下辖30多个州，是大唐西南的门户。国家科举制度变革的消息传到青莲乡，父亲便有意培养李白读书考科举，但他比一个纯粹的文科生更偏科，只爱读《楚辞》和《庄子》，喜欢夸张华丽的文辞。有时读《左传》《史记》和《汉书》等史书，对其他文章则不屑一顾。少年的李白认为，科举全靠死记硬背，算不得学问。而进士的"试帖诗"格律要求太严，不合自己的胃口，写不出好诗文来。所以，他只读书吟诗，无意科举。

和许多喜爱读书的人一样，李白读到喜欢的故事也会记下自己的看法，想象当时的场景。某日，他读过《史记》中的篇章之后，对楚霸王项羽心怀崇敬，激动不已，挥笔写下"若乃项王虎斗，白日争辉。拔山力尽，盖世心违。闻楚歌之四合，知汉卒之重围。帐中剑舞，泣挫雄威。骓兮不逝，喑何归？"

而李白此时的诗歌有意无意之中在模仿前朝的谢灵运，比如他写道："四郊阴霭散，开户半蟾生。万里舒霜合，一条江练横。出时山眼白，高后海心明。为惜如团扇，长吟到五更。"通篇表现出清隽洒脱的风格，和后来的诗略有不同。父亲读过李白的作品，对他的天分和才情都很欣赏，但感觉自己的儿子还是没出过远门，没经历过风雨，没看过青莲乡以外的世界，未免见识不足，因此好诗是好诗，但字里行间显得空泛。

父亲李客心念于此，不再一味地让李白准备科举，而是筹集了一些银钱，让儿子离开家乡，先去附近的绵州、龙州、剑州等州府走走，跳出小小的青莲乡，看看剑南道是个什么样子。

少年李白在游历途中，纵情山水，结交好友，好不快活。而对于唐朝人来说，诗歌的作用类似现在的流行歌曲，吃饭睡觉都会写上一笔。所思所想都会记录下来，因此很多佳作随手写在了墙壁廊柱之上。李白每到一处，便必到客栈酒肆尤其是官家的驿站去细细查访。遇到心有所喜的作品，也取出随身的笔墨唱和一番。

这日，李白来到梓州，看到此处的诗词和别处不同，提到风景的很少，却多次提到一个叫"赵处士"的人，大家都很推崇。李白向当地人打听之后，这才知道"赵处士"名叫赵蕤，家住梓州长平山，剑术非凡，并著有《长短经（反经）》，其中写道："夫霸者，驳道也，盖白黑杂合，不纯用德焉。期于有成，不问所以；论于大体，不守小节。虽称仁引义，不及三王，扶颠定倾，其归一揆。恐儒者溺于所闻，不知王霸殊略，故叙以长短术，以经论通变者，并立题目总六十有三篇，合为十卷，名曰《长短经（反经）》。大旨在乎宁固根蒂，革易时弊，兴亡治乱。"李白马上慕名登门拜访，想见一见这位名士。赵蕤恰好在家，交谈之中，不出三言两语，便对这个少年格外欣赏。李白也震撼于他的学识渊博，两人相谈甚欢，于是赵蕤收李白为弟子。

李白便写信回去，向父亲禀告，当下便住在老师家中，追随赵蕤学习剑术和《长短经（反经）》。这本书共有 63 篇，分为"君德""臣行""王霸""是非""通变""相术""出军""练士"和"教战"等 10 卷，不但有王朝兴亡："王化之政，宜于统大，以之理小则迂；策术之政，宜于理难，以之理平则无奇；矫亢之政，宜于治佟，以之治弊则残；公刻之政，宜于纠奸，以之治边则失其众；威猛之政，宜于讨乱，以之治善则暴；佽俩之政，宜于治富，以之治贫则民劳而下困。此已上皆偏材也。"有历史掌故："魏文侯御廪灾，素服避正殿，群臣皆哭。公子成父趋入贺曰：臣闻天子藏于四海；诸侯藏于境内。非其所藏，不有火灾，必有人患。幸无人患，不亦善乎。"孔子曰："百姓足，君孰与不足？由此言之，夫圣王以其财赏，不与人争利，乃能通于主道，是用非其有者也。"还有兵法："夫将虽以详重为贵，而不可有不决之疑；虽以博访为能，而不欲有多端之惑，此论将之妙也；温良实长，用心无两，见贤进之，行法不在，此百万人之将也；勋勋纷纷，邻国皆闻，出入豪居，百姓所亲，诚信缓大，明于领世，能效成事，又能救败，上知天文，下知地理，四海之内，皆如妻子，此英雄之率，乃天下之主也。"

师生二人每日攻书学剑，纵谈古今。光阴似箭，日月如梭，不知不觉中，李白已经 18 岁了。

蜀道难

唐玄宗诏令，科举以外，五品以上官吏可直接向朝廷举荐人才。赵蕤便让李白去益州寻找机会，李白来到益州的首府——成都。此时，苏颋刚刚出任益州大都督府长史，苏颋封许国公，和燕国公张说的文章齐名，都以雄浑博大见长，两人合称"燕许大手笔"。李白便携带自己的《大猎赋》上官衙投递行卷，门吏收过行卷，告诉李白，苏长史初到成都，近日公务繁忙，看过之后再作计较。

李白在城中盘桓数日，投递的行卷却全无消息。去官衙询问一次，却吃了闭门羹。李白一时气恼，直奔渝州（今重庆），拜见渝州刺史李邕。没想到，李刺史十分孤傲，并且不喜欢诗词，李白再次受挫。

这一天，赵蕤在庭院中看李白习过剑术，两人喝茶闲谈，老师说道："李白，我知道你一向不喜欢科举应试，近日为师收到消息，除了科举以外，皇帝诏令五品以上官吏可直接向朝廷举荐人才，你的机遇到了。"李白十分兴奋，但也心怀疑虑，他问道："不知怎样才能让官吏举荐呢？"老师说："现在流行向官员投递诗文，名为'行卷'，诗文若是能打动其人，便可入朝做官了，这便是关键所在。梓州太小了，你去益州吧。益州是剑南道大都督府所在，你大有可为啊。"李白次日便拜别老师，前往益州。

开元八年（720 年），不到 20 岁的李白来到益州的首府——成都。成都历史悠久，早在公元前 4 世纪，蜀国迁都至此，取西周周王迁岐"一年成聚，二年成邑，三年成都"之意，取名成都，相沿至今。当时有个口号，称"扬一益二"，即在全国各州府之间排行的话，占据京杭大运河核心位置的扬州第一，"天府之国"成都第二，其繁华程度可见一斑。

事有凑巧，李白到成都的这一天，正好是苏颋出任益州大都督府长史的日子。苏颋是礼部尚书，封许国公，和兵部尚书燕国公张说的文章齐名，都以雄浑博大见长，两人合称"燕许大手笔"。

李白便携带自己的《大猎赋》上官衙投递行卷，文章写道：

　　白以为：赋者，古诗之流。辞欲壮丽，义归博远。不然，何以光赞盛美，感天动神？而相如子云竞夸辞赋，历代以为文雄，莫敢诋评。臣谓语其略，窃或褊其用心。《子虚》所言，楚国不过千里，梦泽居其太半，而齐徒吞若八九，三农及禽兽无息肩之地，非诸侯禁淫述职之义也。《上林》云：左苍梧，右西极者，其实地周袤才经数百。《长杨》夸胡……以博攫充乐。《羽猎》于灵台之圃，围经百里而开殿门。当时以为穷壮极丽，迨今观之，何龌龊之甚也！但王者以四海为家，万姓为子，则天下之山林禽兽，岂与众庶异之？

　　而臣以为不能以大道匡君，示物周博，平文论

苑之小，窃为微臣之不取也。今圣朝园池遐荒，殚穷六合，以孟冬十月大猎于秦，亦将曜威讲武，扫天荡野，岂淫荒侈靡，非三驱之意耶？臣白作颂，折中厥美。其辞曰：

粤若皇唐之契天地而袭气母兮，粲五叶之葳蕤。惟开元廓海宇而运斗极兮，总六圣之光熙。诞金德之淳精兮，漱玉露之华滋。文章森乎七曜兮，制作参乎两仪，括众妙而为师。明无幽而不烛兮，泽无远而不施。慕往昔之三驱兮，须生杀于四时。若乃严冬惨切，寒气凛冽，不周来风，玄冥掌雪。木脱叶，草解节，土囊烟阴，火井冰闭。是月也，天子处乎玄堂之中，餐八水兮休百工，考王制兮遵《国风》。乐农人之闲隙兮，因校猎而讲戎。

乃使神兵出于九阙，天仗罗于四野。征水衡与林虞，辨土物之众寡。

……

顿天网以掩之，猎贤俊以御极。若此之狩，罔有不克。使天人宴安，草木蕃植。六宫斥其珠玉，百姓乐于耕织。寝郑卫之声，却靡曼之色。天老掌图，风后侍侧。是三阶砥平，而皇猷允塞。岂比夫《子虚》《上林》《长扬》《羽猎》，计麇鹿之多少，夸苑囿之大小哉！方将延荣光于后昆，轶玄风于邃古，拥嘉瑞，臻元符，登封于太山，篆德于社首。岂与乎七十二帝同条而共贯哉？君王于是回霓旌，反銮舆。访广成于至道，问大块之幽居。使罔象掇玄珠于赤水，天下不知其所如也。

行卷颇有汉赋恣肆汪洋的风格，用典古朴，辞赋古奥。

门吏收过行卷，代为呈递，并告诉李白，苏长史初到成都，近日公务繁忙，看过之后再作计较。询问李白所住客栈后，李白递上自己的名刺，随即退出。

李白本以为可一举成功，像初唐军歌所唱的那样"将军一箭定天山"。没想到还要延缓数日，便悻悻离去，回到客栈，待得气闷，第二日便出门游玩，好在成都名胜甚多，可以暂时娱乐身心，李白每日流连于亭台楼阁之间，看了扬雄的子云亭，拜了诸葛亮的武侯祠。在城中盘桓数日，投递的行卷却全无消息。去官衙询问一次，却吃了闭门羹。

李白一时气恼，离开成都，直奔渝州（今重庆），拜见渝州刺史李邕。递上"行卷"，是路途中所写《巴女词》："巴水急如箭，巴船去若飞。十月三千里，郎行几岁归？"李邕善行书，从"二王"入手，能入乎内而出乎其外。南唐后主李煜评价他说："李邕得右将军之气而失于体格。"宋朝《宣和书谱》说："邕精于翰墨，行草之名由著。初学右将军行法，既得其妙，乃复摆脱旧习，笔力一新。"他本人并不喜欢诗词，而且十分孤傲，当时大家都用楷书来书写碑文，他却用行书来写。自己曾说"似我者欲俗，学我者死"。孤傲的李刺史遇到年少轻狂的李白，场面可想而知，后果也可想而知。

李白初次尝试入朝为官，便以失败告终，第一次感到人生的艰难，他走在蜿蜒曲折的蜀中古道上，挥笔写下《蜀道难》：

　　噫吁戏，危乎高哉！

蜀道之难，难于上青天！

蚕丛及鱼凫，开国何茫然。

尔来四万八千岁，不与秦塞通人烟。

西当太白有鸟道，可以横绝峨眉巅。

地崩山摧壮士死，然后天梯石栈相钩连。

上有六龙回日之高标，下有冲波逆折之回川。

黄鹤之飞尚不得过，猿猱欲度愁攀援。

青泥何盘盘，百步九折萦岩峦。

扪参历井仰胁息，以手抚膺坐长叹。

问君西游何时还，畏途巉岩不可攀。

但见悲鸟号古木，雄飞雌从绕林间。

又闻子规啼夜月，愁空山。

蜀道之难难于上青天，使人听此凋朱颜。

连峰去天不盈尺，枯松倒挂倚绝壁。

飞湍瀑流争喧豗，砯崖转石万壑雷。

其险也如此，嗟尔远道之人胡为乎来哉！

剑阁峥嵘而崔嵬，一夫当关，万夫莫开。

所守或匪亲，化为狼与豺。

朝避猛虎，夕避长蛇。

磨牙吮血，杀人如麻。

锦城虽云乐，不如早还家。

蜀道之难难于上青天，侧身西望长咨嗟。

《蜀道难》译文：

啊，多么险峻，多么高耸！蜀道难走，比上天还难！

蚕丛和鱼凫是古蜀国的帝王，他们开国的事业何等茫然。

从古到今四万八千年，秦蜀二地从不通人烟。西面太白山上只有鸟飞的路线，可以通往峨眉山巅。多少壮士在地裂山崩中死去，然后才有一条天梯似的栈道互相勾连。

上有那驾着六龙的日车也要回头的高峰，下有那奔腾澎湃的激流也要倒退的回川。连高飞的黄鹤也不得过啊，猿猴要过也无法攀缘。青泥岭上路，盘旋又盘旋，百步九折绕山峦。抬起头来不敢出大气，手摸星辰头顶天。只好坐下来手按胸口发长叹："西行的人啊，你什么时候回来呢？这可怕的蜀道，实在难以登攀！"

只听见鸟儿在古树上哀号，雌的跟着雄的飞绕在林间。又听见子规在月下哭泣："不如归去！不如归去！……"一声声，愁满空山。蜀道之难，难于上青天！听一听也会使人失去青春的容颜。山峰连着山峰，离天还不到一尺远，千年枯枝倒挂在悬岩上边。激流和瀑布各把神通显，冲得山岩震，推着巨石转，好一似雷霆回响在这万壑千山。蜀道是这样的艰险啊！可叹（你们这些）远道而来的人，不知是为了什么？

剑门关气象非凡，但也格外高险。一人来把守，万人难过关。把关的人若是不可靠，他反而成为祸患。行人来到这里，早上要防备猛虎的袭击，晚上要警惕长蛇的暗算。它们磨快了牙齿，时刻要摆人肉宴。被它们杀害的人啊，密密麻麻，成千上万。锦城虽说是个好地方，倒不如早早回家去！

蜀道之难，难于上青天！当我踏上归途回身西望，还止不住连声长叹。

这首诗，大约是唐玄宗天宝初年，李白第一次到长安时写的。《蜀道难》是他袭用乐府古题，展开丰富的想象，着

力描绘了秦蜀道路上奇丽惊险的山川，并从中透露了对社会的某些忧虑与关切。诗人大体按照由古及今、自秦入蜀的线索，抓住各处山水特点来描写，以展示蜀道之难。从"噫吁"到"然后天梯石栈相钩连"为一个段落。一开篇就极言蜀道之难，以感情强烈的咏叹点出主题，为全诗奠定了雄浑的基调。以下随着感情的起伏和自然场景的变化，"蜀道之难，难于上青天"的咏叹反复出现，像一首乐曲的主旋律一样激荡着读者的心弦。

李白以变化莫测的笔法，淋漓尽致地刻画了蜀道之难，艺术地展现了古老蜀道逶迤、峥嵘、高峻、崎岖的面貌，描绘出一幅色彩绚丽的山水画卷。诗中那些动人的景象宛如历历在目。李白之所以描绘得如此动人，还在于融贯其间的浪漫主义激情。诗人寄情山水，放浪形骸。他对自然景物不是冷漠地观赏，而是热情地赞叹，借以抒发自己的理想感受。那飞流惊湍、奇峰险壑，赋予了诗人的情感气质，因而才呈现出飞动的灵魂和瑰玮的姿态。诗人善于把想象、夸张和神话传说融为一体进行写景抒情。言山之高峻，则曰"上有六龙回日之高标"；状道之险阻，则曰"地崩山摧壮士死，然后天梯石栈相钩连"……诗人"驰走风云，鞭挞海岳"（陆时雍《诗镜总论》评李白七古语），从蚕丛开国说到五丁开山，由六龙回日写到子规夜啼，天马行空般地驰骋想象，创造出博大浩渺的艺术境界，充满了浪漫主义色彩。透过奇丽峭拔的山川景物，仿佛可以看到诗人那"落笔摇五岳、笑傲凌沧洲"的高大形象。

唐以前的《蜀道难》作品，简短单薄。李白对乐府古题有所创新和发展，用了大量散文化诗句，字数从三言、四

言、五言、七言，直到十一言，参差错落，长短不齐，形成极为奔放的语言风格。诗的用韵，也突破了梁陈时代旧作一韵到底的程式。后面描写蜀中险要环境，一连三换韵脚，极尽变化之能事。所以殷璠编《河岳英灵集》称此诗"奇之又奇，自骚人以还，鲜有此体调。"

～⁓周游名山大川

离开渝州后，李白回到了四川绵州昌隆县青莲乡。心情郁闷，索性搬到了附近戴天山中的大明寺，每日读书练剑。这一天，他读到了陈子昂的作品，其中的代表作是《登幽州台歌》，陈子昂写道："前不见古人，后不见来者。念天地之悠悠，独怆然而涕下！"

李白读到此，不禁赞不绝口，陈子昂的看法深深地影响了李白，他决定再次出游，经渝州至夔州一路游历，乘舟出三峡直奔山南东道的荆州，到民间采风，来丰富自己的作品。李白也曾游览古迹，观赏民风民俗，特别是在此地结识了司马承祯，两人讨论老子和庄子的文章，探寻人生，一时相谈甚欢，结为好友。

离开渝州后，李白回到了四川绵州昌隆县青莲乡。心情郁闷，不只是求官未果。更重要的是，在他游历求学期间，已经了解到，大唐以长安为都城，诗歌的风尚也以长安人的

口味为主。现在长安流行两种风格，一种是清新淡雅的山水田园诗，如孟浩然的风格；一种是对仗工整、辞藻华丽的类似应制诗，如宋之问的风格。而这两种诗风，都和他的诗有很大的不同。

想不通，实在想不通。李白住在家里，每天乡亲都在议论纷纷，这个人既不娶妻，也不应试，每天游手好闲，让人更添烦闷。李白禀明父亲，索性搬到了附近戴天山中的大明寺，每日读书练剑。

唐朝皇帝是关陇李姓，而道家的始祖老子也姓李，因此皇族都以老子为祖先，崇尚道教，民间也流传有各种神乎其神的传说，戴天山虽小，也不例外。李白也曾道听途说，到附近的山中拜访各路神仙。某次，他去拜访一位"神仙"，未遇，回来后写下《访戴天山道士不遇》，这首诗和他最擅长的风格不太一样，有点儿类似孟浩然的田园诗，其中写道："犬吠水声中，桃花带露浓。树深时见鹿，溪午不闻钟。野竹分青霭，飞泉挂碧峰。无人知所去，愁倚两三松。"

李白在大明寺中读书的时候，一直在考虑诗歌创作的问题，有时想改变成现在流行的格调，有时想继续坚持，始终无法抉择，摇摆不定。这一天，他读到了一本诗集，是剑南道梓州人陈子昂的作品。陈子昂在武则天当政时曾任右拾遗，后来辞官，现在已经故去。他的诗，如同静潭深水，平实质朴，但以情动人，自有一股勃勃生气。其中的代表作是《登幽州台歌》，陈子昂写道："前不见古人，后不见来者。念天地之悠悠，独怆然而涕下！"李白读到此，不禁赞不绝口，随后李白找来了陈子昂的文集，仔细阅读。陈子昂在文集中说，现在的文章过于华丽旖旎，颓废得很，远远不如汉魏时期的作品，那种"烈士暮年壮心不已"的慷慨悲歌才是诗文所应该追求的风骨。

陈子昂的看法深深地影响了李白，所谓"盖天下英雄者，所见略同"，李白不再动摇，不再受时尚的影响，他要坚持自己的风格，走自己的路。

李白决定再次出游，临行前，他写道"莫谓无心恋清境，已将书剑许明时。"这次他没有去成都，而是经渝州至夔州一路游历，看到"山随平野尽，江入大荒流"，随后乘舟出三峡，直奔山南东道的荆州，他要去民间采风，来丰富自己的作品。

荆州首府位于江陵，还留存有战国时代楚国首都郢城的遗迹，而李白最爱读的《楚辞》就是楚国大夫屈原的作品。

当时，荆州的民歌以"西曲"最为出名，如：

西洲曲

忆梅下西洲，折梅寄江北。单衫杏子红，双鬓鸦雏色。西洲在何处，两桨桥头度。日暮伯劳飞，风吹乌桕树。树下即门前，门中露翠钿。开门郎不至，出门采红莲。采莲南塘秋，莲花过人头。低头弄莲子，莲子青如水。置莲怀袖中，莲心彻底红。忆郎郎不至，仰首望飞鸿。鸿飞满西洲，望郎上青楼。楼高望不见，尽日阑干头。阑干十二曲，垂首明如玉。卷帘天自高，海水摇空绿。海水梦悠悠，君愁我亦愁。南风知我意，吹梦到西洲。

那呵滩

江陵三千三，来往那呵滩。上滩登天难，下滩鬼门关。闻欢下扬州，相送江湾头。愿得橹篙折，天意使郎留。

女儿子

巴东三峡猿鸣悲，夜鸣三声泪沾衣。我欲上蜀蜀水急，行人一去不复归。"

李白依据自己收集的西曲，也仿写了一首《荆州歌》：

白帝城边足风波，瞿塘五月谁敢过？荆州麦熟茧成蛾，缲丝忆君头绪多，布谷飞鸣奈妾何！

除了采风以外，李白也曾游览古迹，观赏民风民俗，特别是在此地结识一位师友——司马承祯。

司马承祯，自号白云子，对道家经典修为精深。因此，唐睿宗和唐玄宗两位皇帝都曾召请他到长安，询问道学之术，他两次拒绝皇帝的封赏，依旧回到天台山玉霄峰。这次司马承祯是去朝拜南岳衡山，路经江陵。

李白和他讨论老子和庄子的文章，探寻人生，一时相谈甚欢，后来写下一篇《大鹏赋》记录此事，文章的序言记录说："余昔于江陵，见天台司马子微，谓余有仙风道骨，可与神游八极之表。"是说司马承祯夸赞李白有仙风道骨，两人结为好友。

文章后面继续写道："因著大鹏遇希有鸟赋以自广。此赋已传于世，往往人间见之。悔其少作，未穷宏达之旨，中年弃之。及读晋书，睹阮宣子大鹏赞，鄙心陋之。遂更记忆，多将旧本不同。今复存手集，岂敢传诸作者？庶可示之子弟而已。"其辞曰：

> 南华老仙，发天机于漆园。吐峥嵘之高论，开浩荡之奇言。徵至怪于齐谐，谈北溟之有鱼。吾不知其几千里，其名曰鲲。化成大鹏，质凝胚浑。脱鬐鬣于海岛，张羽毛于天门。刷渤澥之春流，晞扶桑之朝暾。煇赫乎宇宙，凭陵乎昆仑。一鼓一舞，烟朦沙昏。五岳为之震荡，百川为之崩奔。
>
> ……
>
> 俄而希有鸟见谓之曰：伟哉鹏乎，此之乐也。吾右翼掩乎西极，左翼蔽乎东荒。跨蹑地络，周旋天纲。以恍惚为巢，以虚无为场。我呼尔游，尔同我翔。于是乎大鹏许之，欣然相随。此二禽已登于寥廓，而斥鷃之辈，空见笑于藩篱。

李白和司马承祯分别后，自江陵顺江而下，到了岳州（今湖南岳阳）。登岳阳楼游洞庭湖。继而登船赴鄂州江夏（今湖北武昌）上黄鹤楼看鹦鹉洲，在楼上看到一首七律："昔人已乘黄鹤去，此地空余黄鹤楼。黄鹤一去不复返，白云千载空悠悠。晴川历历汉阳树，芳草萋萋鹦鹉洲。日暮乡关何处是，烟波江上使人愁。"文辞之绝妙令李白惊讶不已，询问后得知作者是崔颢。李白叹服："眼前有景道不得，崔颢题诗在上头。"

转经浔阳（今江西九江）看鄱阳湖，登庐山。在香炉峰瀑布前挥笔写下《望庐山瀑布》：

日照香炉生紫烟，遥看瀑布挂前川。
飞流直下三千尺，疑是银河落九天。

诗仙的妻子许娘子

李白下庐山后，自浔阳江边上船，沿长江东去。路上想起了陈子昂"千金买胡琴"的故事。李白心念于此，想自己是否也来个照此办理呢？转念又一想，拾人牙慧不是丈夫所为，况且自己腹有诗书，不怕不能成就功名，便决定前往金陵碰碰运气。

到了金陵，他以诗会友，弹剑作歌，挥金似土，纵酒豪饮，月余便文名远播，惊动金陵。安陆城中有一位许先生，父亲许圉师做过唐高宗李治的宰相，堪称名门望族。他有独生爱女，正在托人求亲。这门亲事辗转托到了李白的朋友孟少府那里，经他介绍李白上门求亲。双方一拍即合。开元十五年（727年），李白娶了许家的小姐。婚后，两人住在安陆城外白兆山桃花岩的别墅。婚后许娘子给他生了一儿一女。

李白下庐山后，自浔阳江边上船，沿长江东去。他在游历风光，感叹大好河山的同时，偶尔翻看随身携带的书籍，读到陈子昂诗集的时候。李白不禁想起了陈子昂"千金买胡琴"的故事。

话说几十年前,陈子昂刚到长安时,籍籍无名。一天,他看到闹市中有人卖胡琴,围观的人很多。陈子昂上前一问,原来买家要价千金,而那把胡琴看起来也只是平平,要价之高,简直匪夷所思。

陈子昂眉头一皱、计上心来,他挤到卖家前面,说这把胡琴我买了。围观的众人顿时哗然,大家纷纷问陈子昂,这把琴如此之劣,价格如此之高,买来何用啊?陈子昂高声对大家说:"我自幼就善于演奏胡琴,此琴正好能派上用场。"这下,众人更加好奇,说"能不能请先生现在就演奏一曲?"陈子昂说:"可以演奏,但是今天没有准备好,明天某时大家到某某酒店去,我在那里恭候,演奏这把胡琴。"京城顿时轰动,这件事成为最大新闻,全城百姓第二天纷纷如约前往,把酒店挤得水泄不通。陈子昂果然带着胡琴来了,他把那把千金买来的胡琴供于案前。却不忙着演奏,反而,叫来一壶酒,慢慢喝了几杯。大家静静地看着,这时陈子昂捧着琴出来,大声说:"我乃蜀人陈子昂,著有诗文百篇,来到长安却不为人知。不想今天却凭借这把胡琴扬名,演奏胡琴这种雕虫小技,何足道哉,诗文才是大事。"众人一时面面相觑,陈子昂突然将胡琴高高举起,用力摔在地上,那把千金买来的胡琴立刻摔得粉碎。

大家亲眼目睹此情此景,顿时骇然。陈子昂趁机取出自己刚印好的诗集赠送给观众,大家争相传阅,陈子昂遂名扬天下。

李白心念于此,若有所思,设想自己是否也来个照此办理，能一举成名呢。转念又一想，拾人牙慧不是丈夫所为，况且自己腹有诗书，不怕不能成就功名。不如到六朝金粉之地——金陵（唐代的江南道润州江宁县，当时人称为金陵，也就是今江苏南京）去走一遭，虽然已是物是人非，但毕竟也曾是文章锦绣之乡，不怕没有伯乐。他主意拿定，立刻催动船家解缆动身。

这一日，李白来到钟山和秦淮河环绕的金陵城。登高一望，这座曾做过东吴、东晋、南朝宋、齐、梁、陈的旧都，历时300余年的石头城，果然是云蒸霞蔚，市井繁华，好一派万千气象。

李白到金陵以后，以诗会友，弹剑作歌，挥金似土，纵酒豪饮，月余便文名远播，惊动金陵。整个城市都在传唱李太白的诗歌，在秦淮酒肆能听到："姑苏台上乌栖时，吴王宫里醉西施。吴歌楚舞欢未毕，青山欲衔半边日。银箭金壶漏水多，起看秋月坠江波。东方渐高奈乐何。"在斗鸡走狗的游侠那里能听到："明月出天山，苍茫云海间。长风几万里，吹度玉门关。汉下白登道，胡窥青海湾。由来征战地，不见有人还。戍客望边色，思归多苦颜。高楼当此夜，叹息未应闲。"在攻读诗书的书生那里能听到："别来几春未还家，玉窗五见樱桃花。况有锦字书，开缄使人嗟。至此肠断彼心绝。云鬟绿鬓罢梳结，愁如回飙乱白雪。去年寄书报阳台，今年寄书重相催。东风兮东风，为我吹行云使西来。待来竟不来，落花寂寂委青苔。"

安陆城中有一位许先生，在唐中宗时做过员外郎，他的太祖许绍是唐朝开国皇帝唐高祖李渊的同窗，父亲许圉师做过唐高宗李治的宰相，堪称名门望族。他有个独生爱女，正在托人求亲。

这门亲事辗转托到了李白的朋友孟少府的门下，他立刻想起好友尚未婚娶，便向李白提起此事。

魏晋以来，乱世更迭，但是一些家族却可以一直延续官运，不受改朝换代的影响，因此社会上的风俗都以和高门大姓结亲为荣，借以改变自己家族的门第。盛唐虽政局稳定，但几百年民俗如此，至今人们仍保持这种意识。甚至官府也会编订氏族志，给姓氏划分等级。

当时如果是属于五大望族：如清河和博陵的崔氏、范阳的卢氏、赵郡和陇西的李氏、河南荥阳的郑氏，还有太原的王氏，不管是做官还是科举，都会被人另眼相看。和李白一样大的王维，20岁时就成了进士。甚至唐初还出现过在科举考试中的一些主考官由于不是名门望族，考生们认为他们的门第不足以担任主考，然后围住官衙鼓噪闹事的情况。

许家虽不属于高门大姓，但也算是世代簪缨。何况许家小姐才貌双全，性情贤淑。这门亲事对李白将来的仕途和家事都会有帮助。

李白立刻赶赴安陆提亲。许先生一家大喜，双方一拍即合。开元十五年，李白就娶了许家的小姐。

婚后，两人住在安陆城外白兆山桃花岩的别墅。李白有一首诗送给妻子，题目叫《赠内》，其中写道："三百六十日，日日醉如泥，虽为李白妇，何异太常妻。"日日醉酒，其乐融融。最后一句中的"太常妻"是指东汉太常卿周泽的妻子，周太常正在斋戒养病，妻子去看望他，他认为妻子冒犯了斋禁，把她关进了监狱。当时有首民谣，讽刺周太常说："生世不谐，作太常妻。一岁三百六十日，三百五十九日斋，一日不斋醉如泥。"李白在这里显然是用反语，和夫人开个玩笑。

若干年后，许家娘子给他生了一儿一女，儿子叫伯禽，女儿叫平阳。

唐玄宗过生日

公元725年，粮食再次大丰收，以宰相张说为首的百官上表，请天子举行封禅大典。唐玄宗于这一年农历十月亲率百官到山东泰山封禅。封禅大典后，唐玄宗封泰山神为"天齐王"，礼秩加三公一等，皇帝亲自撰书《纪泰山铭》，刻成石碑，安置在大观峰。开元十八年（730年），这一年的农历八月初五是唐玄宗45岁生日。

皇帝亲自批准将八月初五钦定为"千秋节"。全国要普天同庆，皇帝也要在这天与民同乐，在京城花萼楼下大宴百官，以"千秋节"百官献贺，赐四品以上官员铜镜一面，镜背面有"千秋"两个字。皇帝的教坊专门创作了一部大曲《千秋乐》。

当时在"千秋节"上表演的还有《蝶恋花》《清平乐》等曲目，其中最有名的乐舞当数唐玄宗亲自编写的《霓裳羽衣曲》。除了乐曲舞蹈以外，在"勤政务本楼"下的广场还有舞马表演、百技表演，还有近卫部队的阅兵仪仗。同时令天下诸州各县宴乐三日，官吏放假三天。

公元 725 年，即开元盛世的第十二个年头，粮食再次大丰收，府库充盈，价格也随之下跌，东都洛阳的米价是十钱一斗，而山东青州一带的米价仅五钱一斗。作为农业社会中的百姓，这些年的日子过得越来越滋润。

以宰相张说为首的百官上表，表上写道："天下太平，连年丰收，四夷臣服，如今已是天下大治，请天子举行封禅大典。"什么是封禅呢？据《史记·封禅书》中记载"每世之隆，则封禅答焉，及衰而息"，也就是说，天子当政期间天下太平，民生安康才可封禅，向上天报功。这是中国封建社会国家最高级别的盛大典礼。

唐玄宗于这一年农历十月亲率百官、贵戚及外邦使臣，到山东泰山封禅。

唐玄宗玉牒文："有唐嗣天子臣某，敢昭告于昊天上帝：天启李氏，运兴土德。高祖、太宗，受命立极，高宗升中，六合殷盛。中宗绍复，继体不定。上帝眷，锡臣忠武，底绥内艰，推戴圣父。恭承大宝，十有三年。敬若天意，四海宴然。封祀岱岳，谢成于天。子孙百禄，苍生受福。"以前的帝王封禅，牒文是秘而不宣的，而唐玄宗此次不但公开牒文，而且明确表示是替天下百姓祈福。

唐玄宗禅社首玉册文："惟开元十三年，岁次乙十一月辛巳朔十一日辛卯，嗣天子臣隆基，敢昭告于皇地祇：臣嗣守鸿名，膺兹丕运，率循地义，以为人极，夙夜祗畏，迄未敢康。赖坤无隆灵，锡之景，资植庶类，屡惟丰展。式展时巡，报功厚载，敬以玉帛、牺齐、粢盛、庶品，备兹瘗礼，式表至诚。睿宗大圣真皇帝配神作主。尚飨。”

　　封禅大典后，唐玄宗封泰山神为"天齐王"，礼秩加三公一等，皇帝亲自撰书《纪泰山铭》，刻成石碑，安置在大观峰。

　　李白成婚后的第三年，即开元十八年，这一年的农历八月初五是唐玄宗45岁生日。经左丞相源乾曜、右丞相张说一起上表，建议将皇帝生日设为全国性节日，这以前还没有先例，但唐玄宗喜欢表中"千秋万代"的寓意，还戏称这是"自我作古"。但仅仅因两人上表便设一个全国性的节日，皇帝没有批准。于是，百官便联合上表，请求将玄宗生日设为"千秋节"。于是，皇帝亲自批准，将八月初五钦定为"千秋节"。全国要普天同庆，皇帝也要在这天与民同乐，在京城花萼楼下大宴百官，以千秋节百官献贺，赐四品以上官员铜镜一面，镜背面有"千秋"两个字。

　　当时被赐铜镜的官员共有400人。唐玄宗写过一首《"千秋节"赐群臣镜》诗：

　　　　　　铸得千秋镜，光生百炼金。
　　　　　　分将赐群臣，遇象见清心。
　　　　　　台上冰华澈，窗中月影临。
　　　　　　更衔长绶带，留意感人深。

　　皇帝的教坊专门创作了一部大曲《千秋乐》，曲作者名叫白明达，是龟兹人，所以此曲带有明显的龟兹乐风格，也显示出盛唐开放的文化。

当时在"千秋节"上表演的还有《蝶恋花》《清平乐》等曲目，其中最有名的乐舞当数唐玄宗亲自编写的《霓裳羽衣曲》。最初皇帝让杨贵妃亲自表演，但贵妃亲自当众舞蹈，似乎不太合乎礼节，后来改由杨贵妃的侍女张云容表演。第二年改为双人表演，又过了几年，为了显示盛大的场面，改为300人的大型舞队表演。

除了乐曲舞蹈以外，在"勤政务本楼"下的广场还举行舞马表演，为此专门训练了百余匹舞马。表演时，由几个美少年伴奏乐曲，曲目有《倾杯乐》《千秋万岁曲》等。舞马随着乐曲起舞、旋转、跳跃。最后，舞马将微蹲后腿跪拜，衔起酒杯给唐玄宗敬酒祝寿。张说的《舞马词》中写道："彩旄八佾成行，时龙五色因方。屈膝衔杯赴节，倾心献寿无疆。"

另外，还有百技表演，"教坊大陈山车、旱船、走索、丸剑、杂技、角抵、百戏，又引上百匹大象、犀牛、舞马隆饰入场为戏"。

为了显示大唐的赫赫武功，还有近卫部队的阅兵仪仗，"金吾引驾骑，北衙四军陈仗，列旗帜，被金甲……金吾及四军兵士陈仗而立"。

同时令天下诸州各县宴乐三日，官吏放假三天。

从安州都督府到安陆县衙，再到城中的家家户户，从八月初一开始，清扫街道，粉刷墙壁，搭建戏台，悬灯结彩，热闹非凡。

安州都督府裴长史也要大摆筵席，并且给李白送来了请帖，请他赴宴。"千秋节"宴会那天，李白吟诗作赋，大展雄才，给在座的官员留下深刻印象。

随后，李白又将一份"行卷"送到裴长史府上。裴长史一看大喜，准备荐举李白。本来万事俱备只欠东风，谁知平地间却又生波折。

这天下午，李白到城郊一座佛寺游玩，与寺中一老僧坐而论道，一见如故，谈得十分投机，便忘了时辰。等李白匆匆进城时，闭门鼓早已敲过，唐朝法律规定，此时家家要关门闭户，闲杂人等不得闲逛，否则便是"犯夜"。李白回家心切，被巡夜兵丁挡住，训斥一通。一来二去，这事就传到了裴长史的耳中。

李白等了几日，荐举之事没了消息，就去都督府打听，却见不到裴长史，一时也不得要领。

李白便写了一篇《上安州裴长史书》，文章开头叙述自己的经历和抱负：

> 白闻天不言而四时行，地不语而百物生。白人焉，非天地也，安得不言而知乎？敢剖心析肝，论举身之事，便当谈笔，以明其心。而粗陈其大纲，一快愤懑，惟君侯察焉。

> 白本家金陵，世为右姓。遭沮渠蒙逊难，奔流咸秦，因官寓家。少长江汉，五岁诵六甲，十岁观百家。轩辕以来，颇得闻矣。常横经籍书，制作不倦，迄于今三十春矣。以为士生则桑弧蓬矢，射乎四方，故知大丈夫必有四方之志。乃仗剑去国，辞亲远游。南穷苍梧，东涉溟海。见乡人相如大夸云之事，云楚有七泽，遂来观焉。而许相公家见招，妻以孙女，便憩于此，至移三霜焉。

　　曩昔东游维扬，不逾一年，散金三十馀万，有落魄公子，悉皆济之。此则是白之轻财好施也。又昔与蜀中友人吴指南同游于楚，指南死于洞庭之上，白禫服恸哭，若丧天伦。炎月伏尸，泣尽而继之以血。行路间者，悉皆伤心。猛虎前临，坚守不动。遂权殡于湖侧，便之金陵。数年来观，筋骨尚在。白雪泣持刃，躬申洗削。裹骨徒步，负之而趋。寝兴携持，无辍身手。遂丐贷营葬于鄂城之东。故乡路遥，魂魄无主，礼以迁窆，式昭明情。此则是白存交重义也。

　　又昔与逸人东严子隐于岷山之阳，白巢居数年，不迹城市。养奇禽千计。呼皆就掌取食，了无惊猜。广汉太守闻而异之，诣庐亲睹，因举二以有道，并不起。此白养高忘机，不屈之迹也。

　　又前礼部尚书苏公出为益州长史，白于路中投刺，待以布衣之礼。因谓群寮曰："此子天才英丽，下笔不休，虽风力未成，且见专车之骨。若广之以学，可以如比肩也"。四海明识，具知此谈。前此郡督马公，朝野豪彦；一见礼，许为奇才。因谓长史李京之曰："诸人之文，犹山无烟霞，春无草树。李白之文，清雄奔放，名章俊语，络绎间起，光明洞澈，句句动人"。此则故交元丹，亲接斯议。若苏、马二公愚人也，复何足尽陈？倘贤贤也，白有可尚。

最后为自己"犯夜"之事作了一番辩解：

白窃慕高义，已经十年。云山间之，造谒无路。今也运会，得趋末尘，承颜接辞，八九度矣。常欲一雪心迹，崎岖未便。何图谤詈忽生，众口攒毁，将欲投杼下客，震于严威。然自明无辜，何忧悔吝！孔子曰："畏天命，畏大人，畏圣人之言。"过此三者，鬼神不害。若使事得其实，罪当其身，则将浴兰沐芳，自屏于烹鲜之地，惟君侯死生。不然，投山窜海，转死沟壑。岂能明目张胆，托书自陈耶！昔王东海问犯夜者曰："何所从来？"答曰："从师受学，不觉日晚。"王曰："吾岂可鞭挞宁越以立威名？"想君侯通人，必不尔也。

愿君侯惠以大遇，洞天心颜，终乎前恩，再辱英眄。白必能使精诚动天，长虹贯日，直度易水，不以为寒。若赫然作威，加以大怒，不许门下，遂之长途，白既膝行于前，再拜而去，西入秦海，一观国风，永辞君侯，黄鹄举矣。何王公大人之门，不可以弹长剑乎？

《上安州裴长史书》其中心在于通过申述自己轻财好施、存交重义以及富有才情种种品行，向时为安州长史的裴宽辩解自己遭受诽谤谗言，蒙受不白之冤的情况，表明自己当年绝不会追随李林甫，陷害裴宽等人；并表示如果裴宽不相信自己所言，将再次进京、弄清事实真相的决心。

文章先论自己博学多问，有四方之志；再论自己乐善好施，重情重意。接着写自己隐居养禽，林泉高致，修养品格；又写名流俊彦对自己作品的评价，借他人之口，道出自己文章的非同寻常。然后盛赞裴长史地位高贵、英俊潇洒，才华横溢；希望裴公提携自己。

文中说："以为士生则桑弧蓬矢（桑木做的弓，蓬梗做的箭），射乎四方，……乃仗剑去国，辞亲远游。"表明他出蜀远游，目的在于寻求政治出路。对照他"莫怪无心恋清景，已将书剑许明时"（《别匡山》）的诗句，李白的宏伟志愿，一目了然，他的一切活动，都是为了达到这一目的，所以不惜向地方官吏"剖心沥肝"，陈述自己的志向和经历。因为害怕裴长史在"谤言忽生，众口攒毁"下，难免会"赫然作威，加以大怒"，因而这篇文章更写得情真语切，委婉动人。所以宋人洪迈说："大贤不遇，神龙困于蝼蚁，可胜叹哉！"（《容斋随笔》）确乎是中肯的评论。

李白徘徊于学道和从政之间，不放弃却不能成功，这篇文章固然有奉承讨好之嫌，但同样张扬了李白的个性，显露出一代诗仙的英风豪气，充分展示出其放荡不羁、傲岸自负的个性特征。文章结尾几句写得不卑不亢，在接近成功时忍不住流露出率真狂妄的本色，这正是官僚们所不喜欢的。而这也正是他求仕幼稚的表现。

第二章

寂寞长安城

唐帝国的都城

　　举荐之事不了了之，李白再次出发，这一年他从安陆起程前往长安。长安城是当时地球上规模最大、最繁华的国际大都市。全城由高大的围墙包围，周长达 35.56 公里，面积约 84 平方公里，是汉代长安城的 2.4 倍，是现在西安城墙内面积的近 10 倍。居住的人口过百万。世界各地的文化、时尚在这里聚集、融汇，然后再传播到周边的日本、朝鲜等国家。与此同时，大唐的魅力和影响力也通过熙熙攘攘的长安城传播到世界的每一个角落。

　　当时长安最流行的运动是斗鸡。李白刚到长安就遇到了"神鸡童"贾昌上街，那前呼后拥、吆三喝四的场面令他印象深刻。店里的伙计看李白从街上回来后面色不悦，主动向他介绍长安的名胜，李

白便直奔南城的大雁塔，看见塔下一块块的石碑上面镌刻着历年进士的姓名。第二日，李白又来到长安东南角的著名园林——芙蓉园，曲江池就在园中。

李白的这篇文章虽写得妙笔生花，却是泥牛入海无消息，等了将近一个月，仍然是毫无音信。事到如今，李白明白了，举荐之事已经不了了之。

李白不能再等待了，他的耐心已经耗尽，他决定再次出发，这次不到金陵，也不到成都，而是直接到京城去，这一年他从安陆起程，取道襄阳、南阳，经过内乡、商洛，走蓝田，途经1500多里路程，前往长安。

长安城是当时地球上规模最大、最繁华的国际大都市。全城由高大的围墙包围，由外郭城、宫城、皇城三部分构成，周长达35.56公里，面积约84平方公里，是汉代长安城的2.4倍，是现在西安城墙内面积的近10倍。全城的每面都有3座城门，其中南面的正门明德门为5个门道，其余的都有3个门道。而宫城位于全城的北部，呈矩形，东西长2820米，南北宽1492米。中部为太极宫（也就是隋朝时修建的大兴宫），正殿为太极殿（隋朝时修建的大兴殿）。东为皇太子居住的东宫，西为宫人居住的掖庭宫。皇城在宫城的南面，有东西街7条，南北街5条，左面是皇家宗庙，右面是社稷的神庙。除此以外，还设有中央衙署等办公机构。贞观年间，唐太宗李世民为唐高祖李渊修建了大明宫。而开元年间，唐玄宗李隆基又把自己居住过的临淄王府改扩建成了兴庆宫。

当时的集市和市民居住场所是分开的，在东城和西城分别有东市和西市两座市场，这是全城的商业中心。在这里可以看到鳞次栉比的店铺，有茶坊、酒店、饭馆、药行；有衣服店、鞋帽店、绸缎铺、首饰店，还有乐器行，五花八门，百花齐放。

这座恢弘庞大的城市居住的人口过百万，其中除皇族、官吏、兵士、奴仆、宗教人士、市民等人以外，还有来自外国的使者、留学生、商人等超过3万人，这些人来自与唐通使的300个国家和地区，其中有波斯人、高昌人、朝鲜人、日本人、大宛人，还有龟兹人等。世界各地的文化、时尚在这里聚集、融汇，然后再传播到周边的日本、朝鲜等国家。

与此同时，大唐的魅力和影响力也通过熙熙攘攘的长安城传播到世界的每一个角落。

当时长安最流行的运动都是唐玄宗的至爱，前几年是马球，这几年是斗鸡。

城中流行一曲《神鸡童谣》，是这么说的：

> 生儿不用识文字，斗鸡走马胜读书。
> 贾家小儿年十三，富贵荣华代不如。
> 能令金距期胜负，白罗绣衫随软舆。
> 父死长安千里外，差夫持道挽丧车。

其中的"贾家小儿年十三"就是说的13岁的贾昌，他是长安宣阳里人。一次，唐玄宗出游，看到贾昌在云龙门道旁弄木鸡，就把他召入专门饲养斗鸡的鸡坊。当时人说："昌入鸡群，如狎群小，壮者、弱者、勇者、怯者，水谷之时，疾病之候，悉能知之。举二鸡，鸡畏而驯，使令如人。"

这个孩子特别善于养鸡，后来贾昌穿着斗鸡服，一起和玄宗去温泉，当时天下称其为"神鸡童"。

李白刚到长安就遇到了这位"神鸡童"贾昌上街，那前呼后拥、吆三喝四的场面令他印象深刻。回到客栈后，李白仍旧愤愤不平，他让伙计拿过纸笔，挥毫写道："路逢斗鸡者，冠盖何辉赫！鼻息干虹霓，行人皆怵惕。"

店里的伙计看李白从街上回来后面色不悦，虽然不认得字，也能猜想出这位先生遇到了不痛快的事，便主动向他介绍长安的名胜，伙计说："凡是您这样能写诗文的先生，来到长安必到大雁塔，也就是贞观年间玄奘法师译经的慈恩寺塔。"李白好奇心起："这是为什么呢？"伙计说："本朝凡是新科进士及第以后，有三件事是要做的，一是瞻仰皇宫大内，二是曲江赐宴，三就是雁塔题名。这第一件吗，不是进士是看不到了，可是曲江和雁塔题名都是值得一看的。"李白问："什么叫做雁塔题名呢？"伙计说："就是那些新科进士按照次序在大雁塔旁题写自己的姓名。"这一下打动了李白，他问明了路径，直奔南城的大雁塔。

慈恩寺华丽雄壮，十分显眼，李白进入寺院，便直奔大雁塔下，看见塔下果然镶嵌着一块块的石碑，仔细辨认，上面镌刻着历年进士的姓名。这一举成名天下知所带来的荣耀让仍旧是一介布衣的李白心潮起伏，他摩挲良久，叹息良久。

第二日，李白来到长安东南角的著名园林——芙蓉园，曲江池就在园中。

秦代，此处便是皇家禁苑，名叫宜春苑。到了隋朝，隋文帝修建都城——大兴城，城市是沿着曲江修建的，但当时的大兴城东南高西北低，皇家的后宫比曲江低，让隋文帝很不高兴，下令把曲江挖成池塘，并且完全隔离在城墙以外，修建成一座皇家园林。

几年以后，大兴城完工，隋文帝正式迁入后，又不喜欢曲江这个名字，于是命令宰相高颖重新命名。高颖便根据曲江中的芙蓉花为名，将曲江更名为"芙蓉园"。

唐玄宗时，又在园中修建了紫云楼、彩霞亭、临水亭、水殿、山楼、蓬莱山和凉堂等景点工程和建筑，并且从大明宫开始，修了一道直达芙蓉园的夹城，宽 50 米，长度近8000 米。此时的芙蓉园内水光涟漪，布满了亭台楼阁，已是长安城最著名的一处名胜。

若干年后，杜甫来到长安，他也来到了这里赏花吃酒，并且留下两首《曲江》。

其一：

一片花飞减却春，风飘万点正愁人。
且看欲尽花经眼，莫厌伤多酒入唇。
江上小堂巢翡翠，花边高冢卧麒麟。
细推物理须行乐，何用浮名绊此身。

其二：

朝回日日典春衣，每日江头尽醉归。
酒债寻常行处有，人生七十古来稀。
穿花蛱蝶深深见，点水蜻蜓款款飞。
传语风光共流转，暂时相赏莫相违。

～长安漂泊记

李白准备好行卷，去找右丞相张说投递行卷，看能否打动他。不想右丞相张说公务繁忙，李白递上行卷和名刺，闷闷不乐地回到客栈。谁知，次日相府仆人来请，二公子张垍特请先生相见，但是谈不了几句，李白便顿觉无趣。

原来张垍擅长的是在皇帝面前的应制诗文，都是官样文章。李白满怀希望而来，却败兴而归。转眼已是农历正月十五的上元节，朝廷特许开禁三天，不再宵禁，称为"放夜"。不但如此，还要全城灯火辉煌，举城狂欢。上元节的这一夜，李白兴尽而归，回到客栈，辗转反侧，想起开元初年的两位宰相：姚崇、宋璟，有他们在才有这"开元盛世"，但是有他们在，必然没有这奢华之风。

李白准备好行卷以后，暗自盘算：如今朝廷的官员以左丞相源乾曜、右丞相张说和中书令萧嵩三位居首。听说左丞相源乾曜一向是信奉道家"无为而治"的学说，凡事能推就推，从来不出来做事的。而中书令萧嵩据说不喜欢诗词歌赋这些东西，而且他主管兵部，找到他的门下多半是没什么作用的。不如去找右丞相张说投递行卷，看能否打动他。

这一天，李白来到张说的府第，登门求见。不想右丞相张说公务繁忙，无暇处理其他事情。李白想不能白来一趟，便递上行卷和名刺，委托门吏日后转呈，门吏推辞不过，便收下行卷。李白此次又不成功，闷闷不乐地回到客栈，想再找高官投递行卷，一时又无法决定。

谁知，次日相府仆人便来到客栈，说丞相无暇，但二公子张垍看到李先生的行卷，十分欣赏，特请先生相见。李白早已知道，这位张二公子是位居从三品的卫尉卿，而且是当朝驸马，创作的诗文自己虽然并未读过，据说深得唐玄宗的喜爱。心下一喜，跟着来人再次来到相府。

张垍和李白寒暄已毕，开始讨论诗文，但是谈不了几句，李白便顿觉无趣。原来张垍所做诗文，多半是在皇帝面前的应制诗文，都是官样文章，看起来富丽堂皇，听起来起承转合很押韵，但是内容十分空洞，才情十分有限。李白满怀希望而来，却败兴而归。

夜深了，李白点起烛火，展开笔墨，想起这几日的种种情形，心绪烦乱，提笔写下著名的《长相思》：

长相思，在长安。络纬秋啼金井阑，微霜凄凄簟色寒。

孤灯不明思欲绝，卷帷望月空长叹。

美人如花隔云端。

上有青冥之高天，下有渌水之波澜。

天长路远魂飞苦，梦魂不到关山难。

长相思，摧心肝！

写罢，李白吹一吹墨迹，自己读一遍，看到字里行间都是愁云惨雾，心下更加烦闷。笔墨也不收拾，熄灭蜡烛，就胡乱睡了。

一觉醒来，东方已是红日喷薄，看一看，桌上的诗句仍在，李白又提起笔来，写了一首诗——《幽歌行上新平长史兄粲》，描述此次来长安的心情：

> 忆昨去家此为客，荷花初红柳条碧。
> 中宵出饮三百杯，明朝归揖二千石。
> 宁知流寓变光辉，胡霜萧飒绕客衣。
> 寒灰寂寞凭谁暖，落叶飘扬何处归？

转眼已是农历正月十五的上元节，前面已经讲过，唐代是实行"宵禁"的，夜晚的禁鼓一响就禁止出行，犯夜要受处罚。但是唯独在上元节，朝廷特许开禁三天，不再宵禁，称为"放夜"。不但如此，还要全城灯会。

据说，去年的灯会，长安城军民人等共燃灯 5 万盏，皇家也扎制了巨型的灯楼，放置在街市上，有 20 间房子那么大。三天"放夜"的时间是灯火辉煌，举城狂欢。

前几年，苏味道有首名为《正月十五夜》的诗，被人们推崇备至，时人都认为是历来元宵节诗中的佳作，诗中写道："火树银花合，星桥铁锁开。暗尘随马去，明月逐人来。游骑皆秾李，行歌尽落梅。金吾不禁夜，玉漏莫相催。"

白天街上便拥挤不动了，李白看到，处处都在加紧悬挂花灯，还有些灯楼和灯树，人人都在为晚上的灯市做准备。家家都在炸面蚕，取个名字叫"上元油锤"。

入夜后，各色花灯都被点亮了，真是个火树银花不夜天。

人们不只是看灯，灯下的歌舞百戏也令人目不暇接。宫中选出来一队队的歌女，头戴花冠，身穿霞帔，载歌载舞。李白听周围人议论，每一名歌女的服饰都要价值三百贯钱。

李白随着人流，来到城中，看到这里搭了一座丝绸扎制的假山，名叫"鳌山"，山上挂满了花灯，四周布满了灯树，山下由伶人扮成各种角色，在乐声中歌舞，模拟大海中的鱼龙之戏。

民间百姓也自得其乐，各个街市都在做"牵钩"之戏。牵钩就是拔河。在灯火之下，两边各出一队人拉住绳子，中间立一面大旗为界，然后鼓乐喧天，燃放鞭炮烟火，开始拔河，观众聚集在一旁，叫好声、鼓噪声响彻云霄。

上元节的这一夜，李白尽兴而归，回到客栈，辗转反侧，想起开元初年的两位宰相：姚崇、宋璟，有他们在才有这"开元盛世"，但是有他们在，必然没有这奢华之风。

姚崇在拜相之前，任同州（今陕西大荔）刺史。素以捷才闻名，下笔千言，一挥而就。从政多年，历任官职涉及地方中央军事粮食等各个部门。

在拜相前夕，姚崇向唐玄宗上表，其中有十大条陈，可以看成是他准备实行的行政方针：一是废刑法行德政，二是数十年之内不主动挑起战争，三是严禁宦官干预政事，四是停罢所有"斜封官"，五是以法纪治国，六是严查行贿受贿，七是停修寺庙宫观，八是皇帝不能独断，九是允许谏官提出意见，十是严禁外戚干政。

姚崇走马上任后，一切以农为本。清理全国的寺院，强令1.2万名僧尼还俗，补充农业生产的劳动力。

山东发生蝗灾，他拒绝按照传统的习俗，坚决不祭天求神。而是下令各地消灭蝗虫，共灭蝗14万石，争取了时间，避免了山东粮食绝收。

当时有位官员名叫齐澎，人称"解事舍人"，姚崇曾经问他："我的执政能力，和春秋战国时期的管仲、晏子相比如何?"齐澎回答说："管、晏两人的执政，虽不能施于后世，却能用其一生。而公制定的制度，以后恐怕会变动，您似乎不及二人，可称救时之相。"姚崇听后大喜，掷笔说："救时之相，也算难得了!"

姚崇辞职后，接替宰相之位的是宋璟，时任广州都督。宋璟有个外号，叫"脚阳春"，意思是说：他的足迹号称是春天的太阳，每到一地，便温暖如春了。

宋璟执政，特别善于用人，他因才施用，知人善任。

姚崇和宋璟前后为相8年。姚崇善于随机应变，宋璟善于守法执法，二人都敢于向皇帝谏言，崇尚简朴之风，这两位一旦不在朝中，朝廷上下的奢靡之风渐起，"千秋节"、上元节之类的花样就越来越多了。

🌥 看黄河拜神仙

李白初到长安，万事不遂心，上元节之后不久，就离开京城，然后到黄河岸边，接着顺流而下，直上中岳嵩山。李白此行原本不在游山，而是来拜神仙，并写了一首《赠嵩山焦炼师》，记述了他寻访神仙的经过，表达了求仙的迫切心情。

让他惊喜的是故友元丹丘的"颍阳山居"，就在嵩山脚下。李白寻到此处，两人相见，更是一番彻夜长谈。开元二十年（732 年）的冬天，李白离开龙门，来到东都洛阳，找到了元演。在元演家中住到开元二十年的年终，才离开东都洛阳，动身回安陆。

李白初到长安，万事不遂心，上元节之后不久，就离开京城，然后到黄河岸边，接着顺流而下。这一日来到古迹梁园附近，此地又称梁苑，是汉代梁孝王修建的一处园林，距离唐代已近千年，如今已是物是人非，原本繁华的所在已是一片荒凉。李白随手拈起盘子里盛着的杨梅，蘸着吴盐下酒，一边独酌一边叹息，写下了名作《梁园吟》：

> 我浮黄河去京阙，挂席欲进波连山。
> 天长水阔厌远涉，访古始及平台间。
> 平台为客忧思多，对酒遂作《梁园歌》。
> 却忆蓬池阮公咏，因吟渌水扬洪波。
> 洪波浩荡迷旧国，路远西归安可得？
> 人生达命岂暇愁，且饮美酒登高楼。
> 平头奴子摇大扇，五月不热疑清秋。
> 玉盘杨梅为君设，吴盐如花皎白雪。
> 持盐把酒但饮之，莫学夷齐事高洁。
> 昔人豪贵信陵君，今人耕种信陵坟。
> 荒城虚照碧山月，古木尽入苍梧云。
> 梁王宫阙今安在？枚马先归不相待。
> 舞影歌声散渌池，空余汴水流东海！
> 沉吟此事泪满衣，黄金买醉未能归。

连呼五白行六博，分曹赌酒酣驰晖。

歌且谣，意方远。东山高卧时起来，欲济苍生
未应晚。

《梁园吟》可划分为大致相等的两部分，前半偏重叙事，
后半偏重抒情，前半追述了李白离开长安，来到平台梁园做
客，和朋友在梁园饮酒抒怀的过程；后半主要是面对荒凉颓
圮的梁园，抒发了今昔变迁的沧桑感，间接抒发出诗人对唐
王朝衰落的隐忧。

从"我浮黄河去京阙"到"路远西归安可得"为第一
段，抒发了李白离开长安后抑郁悲苦的情怀。离开长安，意
味着政治理想的挫折，不能不使李白感到极度的苦闷和茫
然。然而李白不是将这种低沉迷惘的情绪直接叙述出来，而
是融情于景，巧妙地结合登程景物的描绘，自然地流露出
来。"挂席欲进波连山"，滔滔巨浪如群峰绵亘起伏，多么使
人厌憎的艰难行程，然而这不也正是李白脚下坎坷不平的人
生途程吗？"天长水阔厌远涉"，万里长河直伸向缥缈无际的
天边，多么遥远的前路，然而诗人的希望和追求不也正像这
前路一样遥远和渺茫吗？在这里，情即是景，景即是情，情
景相生，传达出来的情绪含蓄而又强烈，一股失意厌倦的情
绪扑人，我们几乎可以感觉到李白沉重、疲惫的步履。

接着诗笔层折而下。李白访古以遣愁绪，而访古徒增忧
思；作歌以抒积郁，心头却又浮现阮籍的哀吟："徘徊蓬池
上，还顾望大梁。渌水扬洪波，旷野莽茫茫。……羁旅无俦
匹，俯仰怀哀伤。"（《咏怀诗》）今人古人，先后相望，遭
遇何其相似！这更加触动诗人的心事，不禁由阮诗的蓬池洪

波又转向浩荡的黄河，由浩荡的黄河又引向迷茫不可见的长安旧国。"路远西归安可得！"一声慨叹含着对理想破灭的无限惋惜，道出了忧思纠结的根源。

从"人生达命岂暇愁"到"分曹赌酒酣驰晖"为第二段。诗人李白以"达命"者自居，对不合理的人生遭遇采取藐视态度，登高楼，饮美酒，遣愁放怀，傲视一切。奴子摇扇，暑热成秋，环境宜人；玉盘鲜梅，吴盐似雪，饮馔精美。对此自可开怀，而不必像伯夷、叔齐那样苦苦拘执于"高洁"。夷齐以薇代粮，不食周粟，持志高洁，士大夫们常引以为同调。这里"莫学"两字，正可看出他理想破灭后极度悲愤的心情，他痛苦地否定了以往的追求，这就为下文火山爆发一般的愤激之情拉开了序幕。

"昔人豪贵信陵君"以下诗句进入了情感上剧烈的矛盾冲突中。李白痛苦的主观根源来自对功业的执著追求，这里的诗意便像汹涌的波涛一般激愤地向功业思想冲刷过去。李白即目抒怀，就梁园史事落墨。看一看吧，豪贵一时的魏国公子无忌，今日已经丘墓不保；一代名王梁孝王，宫室已成陈迹；昔日上宾枚乘、司马相如也已早作古人，不见踪影。一切都不耐时间的冲刷，烟消云散，功业又何足系恋！

否定了人生积极的事物，自不免消极颓唐。但这显然是有激而然。狂放由苦闷而生，否定由执著而来，狂放和否定都是变态，而非本志。因此，越写出狂放，越显出痛苦之深；越表现否定，越见出系恋之挚。刘熙载说得好："太白诗言侠、言仙、言女、言酒，特借用乐府形体耳。读者或认作真身，岂非皮相。"（《艺概》卷二）正因为如此，诗人感情的旋律并没有就此终结，而是继续旋转升腾，导出末段四

句的高潮：总有一天会像高卧东山的谢安一样，被请出山实现济世的宏愿。多么强烈的期望，多么坚定的信心！李白的诗常夹杂一些消极成分，但总体上并不使人消沉，就在于他心中永远燃烧着一团火，始终没有放弃追求和信心，这是十分可贵的。

离开梁园，李白直上中岳嵩山。嵩山位于中原腹地，共有 36 峰，东面的主峰是太室山，西面的主峰是少室山，在丛山中显得高大巍峨。

但李白此行原本不在游山，而是来拜神仙。他听说山中有一位女道士，人称"焦炼师"，据说是南北朝的齐梁年间生人，已经成了神仙，初唐年间的李颀、王昌龄都曾有诗寄赠给她。但他在嵩山中找了好些时日，却一无所获，便写了一首《赠嵩山焦炼师》，序中记述了他寻访神仙的经过，李白说："嵩丘有神人焦炼师者，不知何许妇人也。又云生于齐梁时，其年貌可称五六十。常胎息绝谷，居少室庐，游行若飞，倏忽万里。世或传其入东海，登蓬莱，竟莫能测其往也。余访道少室，尽登三十六峰，闻风有寄，洒翰遥赠。"诗中表达了李白求仙的迫切心情："二室凌青天，三花含紫烟。中有蓬海客，宛疑麻姑仙。道在喧莫染，迹高想已绵。时餐金鹅蕊，屡读青苔篇。八极恣游憩，九垓长周旋。下瓢酌颍水，舞鹤来伊川。还归空山上，独拂秋霞眠。萝月挂朝镜，松风鸣夜弦。潜光隐嵩岳，炼魄栖云幄。霓裳何飘飖，凤吹转绵邈。愿同西王母，下顾东方朔。紫书傥可传，铭骨誓相学。"

虽然此行没有求到仙术，但山中古迹甚多，也让李白流连忘返。嵩岳庙前有柏树三株，汉武帝到此巡幸时，曾封为

"大将军""二将军"和"三将军"。除此以外,达摩面壁的洞窟、鬼谷子学仙的山谷、张天师得符的山峰都在左近,李白也一一探寻。

更让他惊喜的是故友元丹丘的"颍阳山居",就在嵩山脚下。李白寻到此处,两人相见,更是一番彻夜长谈,李白有一首《题元丹丘山居》记叙此事:"故人栖东山,自爱丘壑美。青春卧空林,白日犹不起。松风清襟袖,石潭洗心耳。羡君无纷喧,高枕碧霞里。"元丹丘告诉李白,自己的同族兄弟元演现居洛阳,如去洛阳,可去他家居住。

辞别好友后,李白来到东都洛阳附近,却不去洛阳,先到了城西南的龙门,每日在摩崖石刻和佛像洞窟间盘桓。当地人盛传最壮美的卢舍那佛是根据女皇武则天的容貌雕刻的,李白就此事向龙门奉天寺主持打探。主持说,卢舍那佛确实是武则天做皇后时施舍建造的,至于是否按照她本人雕刻,年代也久了,已经无人确切知晓。

转眼到了开元二十年(732年)的冬天,李白在龙门奉先寺壁上题下一首《梁甫吟》,记录下自己一路来的所思所想,诗中说:"长啸梁甫吟,何时见阳春?君不见,朝歌屠叟辞棘津,八十西来钓渭滨。宁羞白发照清水,逢时壮气思经纶。广张三千六百钓,风期暗与文王亲。大贤虎变愚不测,当年颇似寻常人。君不见,高阳酒徒起草中,长揖山东隆准公。入门不拜骋雄辨,两女辍洗来趋风。东下齐城七十二,指挥楚汉如旋蓬。狂客落魄尚如此,何况壮士当群雄……梁甫吟,声正悲。张公两龙剑,神物合有时。风云感会起屠钓,大人岊屼当安之!"

题诗已毕,李白离开龙门,来到东都洛阳,找到了元演。

两人也甚是投缘。元演家资豪阔，对李白的诗才又素来仰慕，便陪着李白每天斗鸡走狗喝酒谈天，好不快活。

李白过了一段纵情游乐的日子，忽然一夜，华灯初上之时，在月影下徘徊时，听到了一曲笛声，细细分辨，原来是《折杨柳》，让他顿起思乡之意，写下《春夜洛城闻笛》一诗："谁家玉笛暗飞声，散入春风满洛城。此夜曲中闻折柳，何人不起故园情？"

写罢此诗，朗读一遍，外面笛声间歇，万籁俱寂，唯有风声树声流水潺潺，他思念四川家乡，思念父亲母亲，转而思念起安陆的妻子许娘子，于是略一沉吟，便假借许氏的口吻写了一首《自代内赠》，这是开元时常见的一种怀念远方亲人的诗歌题材，假借亲人的口吻来描写离别之情，李白写道："美人在时花满堂，美人去后留空床。床中绣被卷不寝，至今三载闻余香。香亦竟不灭，人亦竟不来。相思黄叶落，白露湿青苔。"

李白掐指一算，如今已是开元二十一年，从开元十八年离开安陆，赴长安求官未果，离家在外已经漂泊了三个年头。但自己一事无成，实在无颜回家见妻子。

第二天早晨，元演又来相邀李白去看本地名胜天津桥，两人共游一番。元演发现李白不似前几日那样快活，便匆匆回家。派仆人寻来几个洛阳才子相陪，于后园仿照王羲之兰亭集曲水流觞之意，开了一个小小的雅集。大家推杯换盏，吟诗作赋，李白的思乡之情也渐渐淡了。

这样一来二去，李白在元演家中住到开元二十一年的年终，才离开东都洛阳，动身回安陆。

诗人的家务事

李白回家后才得知，岳父已于去年病逝，内兄已自作主张，把家业分了。许家祖产大半归了内兄，李白夫妇只有薄田数顷，瓦屋几间。当下安慰妻子一番，开始安心读书。转过年来，许娘子生下一女平阳。孩子的出世给夫妇带来许多乐趣，但也给李白带来很大压力。他想起，这么坐吃山空，到底不是个办法，便又一次离家，去襄阳拜访前辈诗人孟浩然。

李白回家后，许娘子又悲又喜。悲的是，丈夫离家三年，家中屡遭变故，虽屡次托人打听消息，但音信全无。喜的是，丈夫终于平平安安地回到家中。

李白这才得知，岳父已于去年病逝，内兄已自作主张，把家业分了。许家祖产大半归了内兄，李白夫妇只有薄田数顷，瓦屋几间。李白素来不事生产，对资财也不太在意，当下安慰妻子一番，略略整治一下家务，开始安心读书。

桃花山附近有个隐士，名叫卢子顺，是李白的挚友，两人常常对饮吃酒。酒至半酣，卢子顺便取琴来弹奏一曲，李白听到琴声，不禁想起俞伯牙和钟子期高山流水遇知音的故事，自怨自艾起来，而发出"钟期久已没，世人无知音"的叹息。到了耳花眼迷的时候，李白就在院中青石上一躺，对朋友说："我醉欲眠卿且去，明朝有意抱琴来。"

不弹琴不喝酒的日子，李白夫妇也对坐聊天，写诗画画，倒也其乐融融，过了些安稳日子。转过年来，许娘子生下一女，李白给女儿取名平阳。

孩子的出世给夫妇带来许多乐趣，但也给李白带来很大压力。他想起，老这么坐吃山空，到底不是个办法，何况自己空有抱负，却无处施展，难道就老死家中了不成？这太平盛世，就没有我李白的一席之地吗？但想起女儿太小，李白便忍耐住心思，在家中又待了半年。

女儿尚未牙牙学语，李白便又一次离家，去襄阳拜访前辈诗人孟浩然。孟浩然看了李白这些年的诗作，感觉虽与自己的风格迥异，但不失为佳作，边读边赞叹不已。李白说起自己求官的坎坷经历，孟浩然说："这个不必着急，眼前就有个好机会，近日荆州大都督府长史韩朝宗兼任山南东道采访使，府衙就在襄阳，我和韩公有一面之识，此人虽位高权重，但不喜弄权，却喜爱诗书，喜爱延揽人才，明日在山公楼上韩公有宴会，遍请襄阳文士，你不妨带上'行卷'，去走一趟。"

襄阳城的山公楼非同寻常，所谓山公就是晋朝的征南将军山简。此人便是"竹林七贤"中那位山涛的儿子。虽然是将军，但放荡不羁，有"竹林七贤"遗风。此人在襄阳时，不练兵不习武，终日以饮酒为乐，百姓经常见到这位山将军喝得酩酊大醉，倒戴着帽子，倒骑着马，在街上招摇过市。

这山公楼便是山简所建，也是襄阳名胜，屡经修葺，虽不是富丽堂皇，倒也别有天地。楼外便是岘山，楼下便是汉水，蜿蜒远去，向东南流入长江。登临楼头，也是本地文人雅士经常聚会的场所。

这日，以韩朝宗为首，襄阳名士齐集楼中。尚未开宴，正在闲谈中，李白峨冠博带，腰悬长剑，隔着众人向韩朝宗一揖，双手献上行卷。

韩朝宗打开行卷，却不是诗词，也不是常见的文赋，而是一篇《与韩荆州书》。文章写道："白闻天下谈士相聚而言曰：'生不用封万户侯，但愿一识韩荆州。'何令人之景慕，一至于此耶？岂不以有周公之风，躬吐握之事，使海内豪俊奔走而归之，一登龙门，则声价十倍？所以龙蟠凤逸之士，皆欲收名定价於君侯。愿君侯不以富贵而骄之，寒贱而忽之，则三千宾中有毛遂，使白得脱颖而出，即其人焉。白陇西布衣，流落楚汉。十五好剑术，遍干诸侯；三十成文章，历抵卿相。虽长不满七尺，而心雄万夫，五公大臣，许与气义，此畴曩心迹，安敢不尽於君侯哉？君侯制作侔神明，德行动天地，笔参造化，学究天人。幸愿开张心颜，不以长揖见拒。必若接之以高宴，纵之以清谈，请日试万言，倚马可待。今天下以君侯为文章之司命、人物之权衡，一经品题，便作佳士。而君侯何惜阶前盈尺之地，不使白扬眉吐气、激昂青云耶？昔王子师为豫章，未下车即辟荀慈明；既下车，又辟孔文举。山涛作冀州，甄拔三十馀人，或为侍中、尚书，先代所美。而君侯亦一荐严协律，入为秘书郎。中间崔宗之、房习祖、黎昕、许莹之徒，或以才名见知，或以清白见赏。白每观其衔恩抚躬，忠义奋发。白以此感激，知君侯推赤心於诸贤之腹中，所以不归他人，而愿委身于国士。傥急难有用，敢效微躯。且人非尧舜，谁能尽善？白谟猷筹画，安敢自矜。至於制作，积成卷轴，则欲尘秽视听，恐雕虫小技，不合大人。若赐观刍荛，请给以纸笔，兼之书人。然后退扫闲轩，缮写呈上。庶青萍结绿、长价於薛下之门，幸推下流，大开奖饰，唯君侯图之。"

　　文章大意是说，李白听说天下文人聚在一起议论道："人生不用封为万户侯，只愿结识一下韩荆州。"怎么使人敬仰爱慕，竟到如此程度！岂不是因为韩大人有周公那样的作风，躬行吐哺握发之事，故而使海内的豪杰俊士都奔走而归于韩大人的门下。士人一经韩大人的接待延誉，便声名大增，所以屈而未伸的贤士，都想在韩大人这儿获得美名，奠定声望。希望韩大人不因他们富贵而放纵他们，不因他们微贱而轻视他们，那么韩大人众多的宾客中便会出现毛遂那样的奇才。假使李白能有机会显露才干，李白就是那样的人啊。李白是陇西平民，流落于楚汉。15 岁时爱好剑术，谒见了许多地方长官；30 岁时文章成就，拜见了很多卿相显贵。虽然身长不满七尺，但志气雄壮，胜于万人。

　　王公大人都赞许李白有气概，讲道义。这是李白往日的心事行迹，怎敢不尽情向韩大人表露呢？韩大人的著作堪与神明相比，韩大人的德行感动天地；文章与自然造化同功，学问穷极天道人事。希望韩大人度量宽宏，和颜悦色，不因李白长揖不拜而拒绝李白。如若肯用盛宴来接待李白，任凭李白清谈高论，那请韩大人再以日写万言试李白，李白将手不停挥，顷刻可就。如今天下人认为韩大人是决定文章命运、衡量人物高下的权威，一经韩大人的品评，便被认做美士，韩大人何必舍不得阶前的区区一尺之地接待李白，而使李白不能扬眉吐气、激厉昂扬、气概凌云呢？

　　从前王子师担任豫州刺史，未到任即征召荀慈明，到任后又征召孔文举；山涛作冀州刺史，选拔三十余人，有的成为侍中、尚书。这都是前代人所称美的。而韩大人也荐举过一位严协律，进入中央为秘书郎；还有崔宗之、房习祖、黎昕、许莹等人，有的因才干名声被韩大人知晓，有的因操行清白受韩大人赏识。李白每每看到他们怀恩感慨，忠义奋发，因此李白感动激励，知道韩大人对诸位贤士推心置腹，赤诚相见，故而李白不归向他人，而愿意托身于韩大人。如逢紧急艰难有用我之处，李白自当献身效命。一般人都不是尧舜那样的圣人，谁能完美无缺？李白的谋略策划，岂能自夸？至于李白的作品，已积累成为卷轴，却想要请韩大人过目。只怕这些雕虫小技，不能受到大人的赏识。若蒙韩大人垂青，愿意看看拙作，那便请给以纸墨，还有抄写的人手，然后李白回去打扫静室，缮写呈上。希望青萍宝剑、结绿美玉，能在薛烛、卞和门下增添价值。愿韩大人顾念身居下位的人，大开奖誉之门。请韩大人加以考虑。

韩朝宗看罢，但觉文字一以贯之，气势磅礴，颇有汉赋气概。但未免过于锋芒毕露，心下暗自揣测，这样的狂生，如果推荐为官，将来未必不生出事来，到时候韩某倒是脱不了干系啊。当下赞了几句，便把文章置于一旁。

洛阳游记

李白去襄阳再次受挫，怅然若失地回到家中。这一天收到了元演的一封来信，邀李白同行去太原，信上约定两人在洛阳相会。

李白和元演又北游代州，至雁门关登长城，一览北国风光。至次年初秋，才离开太原，独自一人乘马回家，途经东都洛阳，巧遇元丹丘。又过了几日，李白与友人岑勋同到嵩山元丹丘的颍阳山居做客，酒酣耳热之际，李白挥毫写下千古名篇《将进酒》。

李白去襄阳再次受挫，怅然若失地回到家中，见到妻女又强颜欢笑。只简单讲了讲襄阳的风土人情，绝口不提韩荆州。

读书写诗喝酒弹琴的日子过得飞快，这一天收到了元演的一封来信，打开一看，原来是元演现在谯郡（今安徽亳州）做录事参军，元演的父亲调任太原府尹，如今元演要去太原探望父亲，来信邀李白同行，信上约定两人在洛阳相会。

李白告知妻子，随后马上收拾行囊，到了洛阳见到元演，这时正是春天万物复苏、草长莺飞的季节。两人并马而行，渡黄河，翻太行山，经泽州、潞州，约半月有余，到了太原府。

太原在唐朝的地位非常特殊，是所谓李家龙兴之地，唐高祖李渊原是关陇贵族，在北周时便任过御史大夫、安州总管和柱国大将军。隋朝后，又受封唐国公，隋炀帝大业十二年（公元616年），李渊在太原任留守，当时太原是隋朝的北方要塞，李渊算是隋朝北方的军区司令。隋末农民起义后，政局动荡。李渊便与儿子在大业十三年起兵反隋，并且派遣刘文静越过边关出使突厥，请求始毕可汗派兵相助，当年七月南下。此时隋炀帝在扬州，起义的瓦岗军正与占据洛阳的王世充激战，李渊一举占领关中，攻下长安。这就是唐王朝的开始。

因此，太原既是边塞重镇，又是唐朝的发祥地，在开元十一年升为唐朝的北都，又称北京。元演父子待李白如上宾，而且留他住了多日。李白后来曾写诗回忆这段岁月，说"行来北京岁月深，感君贵义轻黄金。琼杯绮食青玉案，使我醉饱无归心。"

位于太原城西南悬瓮山的晋祠是晋水的发源处。西周初年，周武王死后，周成王即位。周成王年纪还很小，他和弟弟叔虞在一起游戏时，看到梧桐叶落了，便随手拾起一片递给弟弟说："这桐叶就是玉珪，我要封你为侯。"记录成王言行的史臣便请择日行封。还是小孩子的周成王说："我是开玩笑的，不算数。"史臣说："天子无戏言。"于是周成王封叔虞为唐这个地方的诸侯，号唐叔虞。唐叔虞的儿子燮做诸侯的时候，搬到了晋水旁，所以又称晋侯，晋祠始建于北魏，就是为了纪念晋国的第一代诸侯叔虞而建。

现在晋祠以"三绝"闻名，其中的侍女塑像和圣女像都是宋代的作品，但此地远在唐朝就是名胜了。郦道元在《水经注》中就有记载："际山枕水，有唐叔虞祠。"到了南北朝北齐文宣帝高洋在位时，晋祠又大规模扩建，史书上称"大起楼观，穿筑池塘"。唐朝贞观二十年，也就是公元646年，唐太宗李世民回太原，游晋祠并撰《晋祠之铭并序》碑文，晋祠又一次扩建。

李白游晋祠，曾写诗记述他看到的开元盛世时的晋祠，说"时时出向城西曲，晋祠流水如碧玉。浮舟弄水箫鼓鸣，微波龙鳞莎草绿。"

李白和元演又北游代州，至雁门关登长城，一览北国风光。至次年初秋，李白写了一首《太原早秋》，说："岁落众芳歇，时当大火流。霜威出塞早，云色渡河秋。梦绕边城月，心飞故国楼。思归若汾水，无日不悠悠。"辞别了元演父子，元演因自己的录事参军原本是个闲差，要留在太原照顾父亲的起居，不能陪李白回去。

李白离开太原后，独自一人乘马回家，途经东都洛阳，巧遇元丹丘置酒欢饮，李白有诗记述此事说：

> 黄鹤东南来，寄书写心曲。
>
> 倚松开其缄，忆我肠断续。
>
> 不以千里遥，命驾来相招。
>
> 中逢元丹丘，登岭宴碧霄。
>
> 对酒忽思我，长啸临清飙。
>
> 蹇予未相知，茫茫绿云垂。
>
> 俄然素书及，解此长渴饥。
>
> 策马望山月，途穷造阶墀。
>
> 喜兹一会面，若睹琼树枝。
>
> 忆君我远来，我欢方速至。
>
> 开颜酌美酒，乐极忽成醉。
>
> 我情既不浅，君意方亦深。
>
> 相知两相得，一顾轻千金。
>
> 且向山客笑，与君论素心。

又过了几日，李白与友人岑勋同到嵩山元丹丘的颍阳山居做客，酒酣耳热之际，李白挥毫写下千古名篇《将进酒》，用笔墨喷射出自己的满腔热血和激情。

君不见黄河之水天上来，奔流到海不复回。
君不见高堂明镜悲白发，朝如青丝暮成雪。
人生得意须尽欢，莫使金樽空对月。
天生我材必有用，千金散尽还复来。
烹羊宰牛且为乐，会须一饮三百杯。
岑夫子，丹丘生，将进酒，杯莫停。
与君歌一曲，请君为我倾耳听。
钟鼓馔玉不足贵，但愿长醉不愿醒。
古来圣贤皆寂寞，惟有饮者留其名。
陈王昔时宴平乐，斗酒十千恣欢谑。
主人何为言少钱，径须沽取对君酌。
五花马，千金裘，呼儿将出换美酒，与尔同销
万古愁。

《将进酒》译文：

看啊！黄河之水汹涌澎湃从天上倾泻而来，一去不回头
直奔向烟波浩渺的东海。

看啊！头上的青丝转眼间成了雪一样的白发，高堂上对
着镜子只能是慨叹、悲哀！

得意的时候，且自纵情欢乐吧，莫使金杯空流月色，徒
唤年华不再重来。

胸有雄才大略的人，必定能干出一番事业，失而可得的
黄金，抛撒千两又何足惜！

杀羊呵，宰牛呵！我们要玩它一个痛快，为这相聚，也
该一起喝它三百杯！

岑夫子，丹丘生，干杯干杯！不要停。

嗨，我要唱歌啦，你们仔细听：

那些荣华富贵，有什么值得苦苦追求？我但愿自由自在地沉醉，悠悠然不再清醒。

自古来，睿智彻悟之人总会感到灵魂的寂寞，唯有那寄情诗酒者，好歹留下个名声。

曹植当年，大摆筵席在平乐观中，痛饮名酒，恣意笑闹借以忘忧。

主人说什么，没有这么多的金钱用来花费？快快去买回酒来，让我们喝它个够！

噫，这五花的宝马，千金的狐裘，把这些玩意儿拿去，给我换来酒！噢——让我们在这杯中的烈焰里熔化无穷无尽的愤懑与忧愁！

《将进酒》原是汉乐府的曲调，是短箫铙歌，多是用于宴饮劝酒，节奏鲜明，曲调奔放，如快刀破利竹，春夜逢细雨，痛快淋漓。

诗的开头便是两组排比的长句，"君不见黄河之水天上来，奔流到海不复回"，嵩山离黄河不远，登高远望，可以一观，黄河奔流绵延，回环曲折，到了李白的笔下，成了从天而降、一泻千里的豪情。紧接着，"君不见高堂明镜悲白发，朝如青丝暮成雪"，是暗流涌动下的深潭，暗藏着诗人的些许心事。真是诗家圣手，开篇就大开大阖。

但李白的性格绝不允许这小小的悲伤存在，他是个要燃烧自己的人，接下来"人生得意须尽欢"似乎是要表达及时行乐的心情，然而他自从少小离家，又何曾"得意"过？但是他不悲伤，不沮丧，他说"天生我才必有用"，他说"千金散尽还复来！"这种豪气、这种胸怀、这种自信，才是李白本色，才是盛唐气象。

下面纯用口语，说"岑夫子，丹丘生，将进酒，杯莫停！"向岑勋和元丹丘劝酒，又让全诗的节奏富于变化，他要"与君歌一曲，请君为我倾耳听"。接下来，几乎是醉话了，他说"钟鼓馔玉不足贵"，他说"但愿长醉不复醒"。情绪转而激愤，显然是对自己的才华始终无法得到施展而不平，他说"古来圣贤皆寂寞，惟有饮者留其名。"这是隐然以圣贤自居了，又顺手举出"陈王"曹植来做比较。曹植才高八斗，却屡遭猜忌，纵情诗酒，也是不得志的才子。

诗到此处，李白反客为主，说"主人何为言少钱"，说"五花马，千金裘，呼儿将出换美酒，与尔同销万古愁"。全诗篇幅不长，却如奔涌的黄河，一气呵成。《唐诗别裁》评价说"读李诗者于雄快之中，得其深远宕逸之神，才是谪仙人面目"，此篇堪称李白的代表作。

《将进酒》篇幅不算长，却五音繁会，气象不凡。它笔酣墨饱，情极悲愤而作狂放，语极豪纵而又沉着。诗篇具有震动古今的气势与力量，这诚然与夸张手法不无关系，比如诗中屡用巨额数目字（"千金""三百杯""斗酒十千""千金裘""万古愁"等）表现豪迈诗情，同时，又不给人空洞浮夸感，其根源就在于它那充实深厚的内在感情，那潜在酒话底下如波涛汹涌的郁怒情绪。此外，全篇大起大落，诗情忽翕忽张，由悲转乐、转狂放、转愤激，再转狂放，最后结穴于"万古愁"，回应篇首，如大河奔流，有气势，亦有曲折，纵横捭阖，力能扛鼎。其歌中有歌的包孕写法，又有鬼斧神工、"绝去笔墨畦径"之妙。通篇以七言为主，而以三、五十言句"破"之，极参差错综之致；诗句以散行为主，又以短小的对仗语点染（如"岑夫子，丹丘生"；"五花马，千金裘"），节奏疾徐尽变，奔放而不流易。

移居山东

李白在洛阳盘桓月余，回到家中，这时女儿平阳已经3岁了。到开元二十六年（738年），李白又添了一个男孩，起名伯禽。李白在而立之年再次出游，他先到南阳去拜访崔宗之，两人一见如故。

当李白听说杭州刺史李良是自己的本家从侄，便不远千里前往杭州，随后又到金陵，然后纵情山水，任意东西，这一天来到洞庭湖畔的岳州，在这里遇到了"诗家夫子"王昌龄。

李白在洛阳盘桓月余，回到家中，这时女儿平阳已经3岁了。

到开元二十六年，李白有了一个男孩，起名伯禽。

不甘寂寞的李白在而立之年再次出游，他先到南阳去拜访宰相崔日用的儿子崔宗之，两人都是好酒好诗之人，一见如故，不免互相赞颂一番，李白写诗说崔宗之："崔公生民秀，缅邈青云姿。制作参造化，托讽含神祇。"崔宗之写诗说李白："袖有匕首剑，怀中茂陵书。双眸光照人，词赋凌《子虚》。"

当李白听说杭州刺史李良是自己的本家从侄，便不远千里前往杭州。两人同游杭州天竺寺，李白题诗一首《与从侄杭州刺史良游天竺寺》，说："挂席凌蓬丘，观涛憩樟楼。三山动逸兴，五马同遨游。天竺森在眼，松风飒惊秋。览云测变化，弄水穷清幽。叠嶂隔遥海，当轩写归流。诗成傲云月，佳趣满吴洲。"

随后李白又到金陵，然后溯江而上，路经当涂县，夜深无法行船。船家把船停泊在牛渚矶下，李白举头望明月，想起这牛渚矶正是晋代袁宏发迹的地方，当时镇西将军谢尚也是夜泊牛渚矶，月夜中听到旁边货船中有人吟咏诗篇，意境高远，不是平庸之作，而文辞新鲜，自己未曾听过。便派从人去打听，原来是为人驾船运货的袁宏，他吟咏的是自己所作的《咏史诗》。谢尚立刻请袁宏过船相见，随后召到自己的帐下做幕僚。从此袁宏不再做船家，而成为一代名士。李白念及此事，面对此景，心绪不平，口占《夜泊牛渚怀古》一首："牛渚西江夜，青天无片云。登舟望秋月，空忆谢将军。余亦能高咏，斯人不可闻。明朝挂帆席，枫叶落纷纷。"

李白纵情山水，任意东西，这一天来到洞庭湖畔的岳州，岳州古称巴陵郡。在这里遇到了"诗家夫子"王昌龄。两人的诗风格近似，王昌龄有名篇《出塞》："秦时明月汉时关，万里长征人未还。但使龙城飞将在，不教胡马度阴山。"当下把盏相谈，一说年龄，李白这才知道王昌龄比自己大十多岁。而一说经历，原来王昌龄也是命运不济，如今正在贬谪途中，正想辞官，去石门山学诸葛亮隐居起来，躬耕于田亩之中，度过余生，李白劝说道："耻学琅邪人，龙蟠事躬耕。欲献济时策，建功及春荣。"但王昌龄已经做了十几年的官，对官场的细情深有了解，他写了首诗送给李白，诗的名字叫《巴陵送李十二》，唐朝人按同族兄弟的大小来排大小，李白在家族排行十二，因此称他李十二，诗中说："摇曳巴陵洲渚分，清江传语便风闻。山长不见秋城色，日暮蒹葭空水云。"字里行间有劝说李白不要再执著于仕途之意。

李白吟咏良久，深得其意，和王昌龄分手后，回到安陆家中，这才知妻子已病了多日。拖了半年，许娘子留下一双儿女，撒手西去。

许娘子一死，李白对安陆再无留恋。他听说有一个远房叔父在任城当县令，便打算携子女移居任城，到了山东听说金吾将军裴旻正在兖州居住，这位裴将军的剑术，当时与吴道子的绘画、张旭的草书，并称"三绝"。唐玄宗的大臣、著名的书法家颜真卿有一首诗，名叫《赠裴将军》，写到了裴将军的武艺：

> 大君制六合，猛将清九垓。
> 战马若龙虎，腾凌何壮哉。
> 将军临八荒，炟赫耀英材。
> 剑舞若游电，随风萦且回。
> 登高望天山，白云正崔巍。
> 入阵破骄虏，威名雄震雷。
> 一射百马倒，再射万夫开。
> 匈奴不敢敌，相呼归去来。
> 功成报天子，可以画麟台。

李白打算跟裴将军学剑术，便把家安置在了任城附近的兖州。但屡次登门，却无缘相见。只见到了裴旻的侄子裴仲堪。据他说，裴将军不仅精于剑术，而且深通兵法，前几年曾随信安王西征吐蕃，又曾北伐林胡，但他的剑法太好，唐玄宗几次召见他，都不说兵法，不说军事，只让他表演剑术，每次都赞赏他剑术高超。裴将军报国无门，这几年总是没有机会统兵打仗，他愈加郁闷，说自己虽会"万人敌"，却和优人一样表演剑术，从此便不再当众习剑，也不愿收受弟子。李白听到这种情况，也是叹息一番，放弃了学习剑术的打算。此时的李白却并不知道，自己若干年后的经历竟然和裴将军几乎一模一样，当自己终于鱼跃龙门，进入仕途以后，凭小本事取得皇帝的欢心，却无法施展自己真正的才华。

李白学剑不成，在任城当县令的远房叔父的任职也快要期满，马上要离开此地。他只好求助于两位远房兄弟，一位是在瑕丘任主簿的李冽，一位是在单父任主簿的李凝。在二人的帮助下，李白在瑕丘东门外泗水旁，置了一处田产，又搬了一次家。

山东是孔子的老家，儒生特别多，每日峨冠博带，道貌岸然，这种作风完全和李白的性格不符。李白与几位当地名士会文以后，感觉更加强烈，他写了一首《嘲鲁儒》来讥讽儒生，诗中说：

鲁叟谈五经，白发死章句。
问以经济策，茫如坠烟雾。
足著远游履，首戴方山巾。

缓步从直道，未行先起尘。

秦家丞相府，不重褒衣人。

君非叔孙通，与我本殊伦。

时事且未达，归耕汶水滨。

　　一石激起千层浪，这首诗竟然得罪了全县的儒生，从此李白被一张无形的网隔离在本地的文人圈子外面。所谓"性格决定命运"，这就是一个鲜明的例子。

　　但李白的诗是好诗，这是无法改变的，近处无人问津，远处自然有人来访，一来二去，他与山东名士孔巢父、韩准、裴政、张叔明、陶沔等人结成好友，经常去附近徂徕山的竹溪，在那里纵酒酣歌，啸傲风月，世人称之为"竹溪六逸"。李白在《送韩准裴政孔巢父还山》诗中记述了这段经历：

猎客张兔置，不能挂龙虎。

所以青云人，高歌在岩户。

韩生信英彦，裴子含清真。

孔侯复秀出，俱与云霞亲。

峻节凌远松，同衾卧盘石。

斧冰漱寒泉，三子同二屐。

时时或乘兴，往往云无心。

出山揖牧伯，长啸轻衣簪。

时宵梦里还，云拜竹溪月。

今晨鲁东门，帐饮与君别。

雪崖滑去马，萝迳迷归人。

相思苦烟草，历乱无冬春。

　　除了友情以外，李白还有一首《咏邻女东窗下海石榴》诗，表现出诗人对一位姑娘的好感。诗如下：

鲁女东窗下，海榴世所稀。
珊瑚映绿水，未足比光辉。
清香随风发，落日好鸟归。
愿为东南枝，低举拂罗衣。
无由一攀折，引领望金扉。

　　至于这段感情有没有开花结果，那是众说纷纭，无人知晓了，真相已经消失在历史的烟雾之中。

第三章

诗仙和皇帝

大明宫词

开元二十八年，即公元740年，开元盛世的倒数第二年。住在山东的李白，虽然是一介布衣，但有好友相伴，生活得悠哉游哉。长安城中的唐玄宗，因为一个女人的到来，这一年特别高兴。这个女人名叫杨玉环，原本是寿王妃，是唐玄宗的儿媳。唐玄宗派高力士将儿媳杨玉环接到了骊山温泉宫，将杨玉环度为女道士，并赐号"太真"。回长安后，杨玉环居住在特别安排的太真宫。

开元盛世的最后一年，唐玄宗的好事一件接着一件。据唐玄宗自己说，先祖老子给他的裔孙唐玄宗李隆基托梦，随后老子的画像入京。不久陈王府的参军田同秀上奏，说他在丹凤门大街上看见老子显圣，找到了一道灵符，上书四个大字"圣寿千年"。随后玉真公主说，老子给玉真公主托梦，要她到谯郡（安徽）真源宫去朝拜，然后再到王屋山顶去接受道箓。第二年的正月初一，唐玄宗宣布改元"天宝"。在元丹丘的推荐下，李白在天宝元年八月，接到了朝廷召他入京的诏书。再入长安。唐玄宗亲口封李白为供奉翰林，随时待诏。这是大唐的诗仙和皇帝第一次见面。

住在山东的李白，虽然是一介布衣，但有好友相伴，生活得优哉游哉，他写的《东鲁门泛舟二首（其一）》中说：

> 日落沙明天倒开，波摇石动水萦回。
> 轻舟泛月寻溪转，疑是山阴雪后来。

文字中飘逸绝尘，很有些放下一切俗世的挂碍，飘飘然恍若神仙的感觉。

这一年，是开元二十八年，即公元 740 年，开元盛世的倒数第二年。

长安城中的唐玄宗，因为一个女人的到来，这一年特别高兴。

这个女人名叫杨玉环，她祖籍弘农华阴（今属陕西），出生在四川，父亲去世后，叔父杨玄珪收养了她。

杨玉环于开元二十二年即公元 734 年成为寿王妃，成了唐玄宗的儿媳。

6 年以后，开元二十八年，唐玄宗派高力士将儿媳杨玉环接到了骊山温泉宫。为掩人耳目，将杨玉环度为女冠，也就是女道士，并赐号"太真"。

回长安后，杨玉环居住在特别安排的太真宫。

第二年，是开元二十九年，即公元741年，开元盛世的最后一年，唐玄宗的好事一件接着一件。唐朝皇室以老子为祖先。据唐玄宗自己说，这位老先生给他的裔孙唐玄宗李隆基托梦，告诉当今皇帝说："我的画像将出现在长安西南的百余里处，你派人迎到京师后，大唐天下太平，你万寿无疆。"玄宗马上派左丞相牛仙客去找，果然在长安西南的楼观台（传说中老子在这里讲过经）有所收获，牛仙客在台下找到了一个紫檀匣子，匣内有一幅画像，画着一个身骑青牛、手持麈尾的白须老者，正是传说中老子跨青牛的形象。

牛仙客大喜过望，立刻将匣子装上专车，将画像送回京师。

右丞相李林甫已经率领一众官员到金光门外迎接，并随同画像一直进入兴庆宫。

礼部和工部立刻行动起来，扩建了位于大宁坊的老子庙，然后将老子的画像在其中供奉起来。

不久陈王府的参军田同秀上奏，说他在丹凤门大街上看见老子在空中说话，告诉他老子有手书的灵符一道，放在函谷关。唐玄宗派人去找，果然在尹喜的故居中找到一道灵符，上书四个大字"圣寿千年"。田同秀因为报祥瑞有功，连升三级。

这时唐玄宗的女儿玉真公主入宫，据她说，原来老子不但给玄宗托梦，也给玉真公主托了一个梦，要她到谯郡（安徽）真源宫去朝拜，然后再到王屋山顶去接受道箓。

玄宗一听大喜，立刻诏令天下所有有名的道士都到长安城，准备随玉真公主出行。李白的好友元丹丘也接到了赴京的诏令。

第二年的正月初一，唐玄宗登上兴庆宫的勤政楼，受群臣朝贺，宣布改元"天宝"，开元盛世结束了。

在元丹丘的推荐下，李白在天宝元年八月，接到了朝廷召他入京的诏书。诗人兴奋异常，写下《南陵别儿童入京》一诗："白酒新熟山中归，黄鸡啄黍秋正肥。呼童烹鸡酌白酒，儿女嬉笑牵人衣。高歌取酒还自慰，起舞落日争光辉。游说万乘苦不早，著鞭跨马涉远道。会稽愚妇轻买臣，余亦辞家西入秦。仰天大笑出门去，我辈岂是蓬蒿人！"

然后将子女托付给亲友，便手执诏书，再入长安。

此次入京城，李白没有住客栈，而是住进了政府专门接待宾客的招贤馆，等候召见。

李白也听说了老子托梦的故事，他收拾妥当后，马上赶到大宁坊，要看看老子的画像，到了山门后看到，此庙名叫"紫极宫"，雕梁画栋，雄伟壮丽。

大殿匾额有"琼华"二字，是唐玄宗御笔亲题。

殿中供奉着老子的画像，李白想近前观看，但敬香礼拜的人太多了，拥挤不动，香烟缭绕中什么也看不清楚。

李白瞻仰过后，在门口遇到了现任秘书监的贺知章，贺知章的诗素以清雅著称，名作《咏柳》："碧玉妆成一树高，万条垂下绿丝绦。不知细叶谁裁出？二月春风似剪刀。"当年两人曾有一面之缘，此时相会，贺知章已是老态龙钟，李白也已人到中年，两人百感交集。

诗人见面，无酒不欢，两人到酒肆小酌谈天，都是豪爽的性格，十分投缘，结成忘年交。吃喝完毕，两位诗人才发现口袋空空，都忘记了带钱，贺知章顺手把身上佩戴的小金龟解下来，抵了酒账。

没过几天，唐玄宗有旨，宣李白进大明宫。

十二年了，李白和那些新科进士一样，终于进入大内。

李白随太监进丹凤门，过栖凤楼，过麟德殿，上大明宫参拜唐玄宗。

《唐李翰林草堂集序》中这样记叙唐玄宗接见李白的情形："天宝中，皇祖下诏，征就金马，降辇步迎，如见绮、皓。以七宝床赐食，御手调羹以饭之，谓曰：卿是布衣，名为朕知，非素蓄道义何以及此？"

在宫中，唐玄宗下了步辇，步行前来迎接李白，给予诗人隆重的礼遇。唐玄宗还让李白坐在七宝床上，设宴款待，并且亲自动手为诗人调制汤羹，称赞李白虽是布衣百姓，但大名鼎鼎，道德文章都是一流，所以才请他进京。

随后，唐玄宗亲口封李白为供奉翰林，随时待诏。

这是大唐的诗仙和皇帝第一次见面，两个人都处于极度的兴奋之中。但是没有人知道，大唐盛世就要结束了，从这一年起，情势将急转直下，大唐王朝的每个百姓、每个官吏包括皇帝，都将坠入刀山血海之中。

诗人的工作

此时在大明宫中，还有几位先生，有人擅书法，有人擅绘画。其中有位先生特别值得一提，他就是"八仙"中的张果老，唐玄宗封他做"银青光禄大夫"，赐号"通玄先生"。据张果老自己说，他到现在已活了三千多岁。平常不骑马，倒骑驴，能日行万里。唐高宗曾经请他入宫，他不来。

到了开元二十三年，唐玄宗听说张果老没有死，派使臣裴晤去请。张果老不肯进宫。裴晤只好自己回复皇帝。唐玄宗又命中书舍人徐峤带诏书相请。张果老这才进宫，唐玄宗认为张果老就是个神仙。想把自己的女儿玉真公主嫁给他。李白从招贤馆搬进了大明宫翰林院，开始人生的第一份工作——翰林待诏，这个职位就是等待皇帝随时下诏。因此，除了每十天一次的休息以外，其余时间都要随时恭候皇帝的命令。

不久，唐玄宗去骊山温泉宫，李白随同前往。到温泉宫的第二天，内侍太监传旨，命李白应诏，写一首驾幸温泉宫的诗。李白沉思片刻，一挥而就。后来李白又奉诏写了十首《宫中行乐词》，三首《清平调词》，供皇帝和贵妃吟唱赏玩。

此时在大明宫中，还有几位先生，有人擅书法，有人擅绘画。其中有位先生特别值得一提，他姓张，名果，就是"八仙"中的张果老，唐玄宗封他做"银青光禄大夫"，赐号"通玄先生"。

据张果老自己说，他是在尧执政时做过侍中，到现在已活了三千多岁。平常不骑马，乘一匹白驴，倒着骑，能日行万里。这匹驴能像纸一样折叠起来，要用的时候用水一喷，便又成了真驴。

唐高宗曾经请他入宫，他不来。

后来，武则天又派人请他入宫，他跟着使臣上了路。当走到一个叫"炉女庙"的地方时，忽然倒地不起，使臣呼唤不应，不久，看到他的尸体腐烂了。使臣只好自己回去，向武则天禀告。

到了开元二十三年，唐玄宗听说张果老没有死，而是在中条山修道，便派使臣裴晤去请。裴晤见到张果老，看他牙齿也掉了，头发也白了，怎么看也不是神仙。张果老故伎重施，立刻倒地不起，吓得裴晤赶紧焚香祷告，过了许久，张果老才苏醒过来，但不肯进宫。裴晤只好自己回复皇帝。唐玄宗又命中书舍人徐峤带诏书相请。张果老这才进宫，唐玄宗一看，这位神仙果然和裴晤说的一样，牙齿也掉了，头发也白了，就问他："先生不是已经得道成仙了吗？为什么齿发衰朽如此呢？"张果老回答说："我当年是已经齿缺发白了才得道的，所以这副样子。如今陛下问起此事，我不如把牙齿头发都去掉了才好。"说罢，把自己的头发拔了个精光，又将牙齿敲掉了。唐玄宗见此情景，忙说："先生何故如此？先去歇息一下吧。"不一会儿，张果老回到皇帝面前，头发也黑了，满口牙齿，完全不像一个老人，唐玄宗十分惊奇。认为张果老就是个神仙。想把自己的女儿玉真公主嫁给他。张果老马上拒绝，还唱道："娶妇得公主，十地升公府。人以为可喜，我以为可畏。"唱完大笑不止。

又有一次，唐玄宗打猎，打到一只大鹿，随行的厨师正要用刀宰鹿，给皇帝做饭。张果老上前连忙阻止，说这头鹿是仙鹿，已有一千多岁了，当年西汉的汉武帝狩猎时，就曾经捕获过这头鹿，后来将它放了。唐玄宗问，天下的鹿这么多，时间又这么久了，你怎么知道这就是你说的那头鹿？张果老说，汉武帝当年放生时，我在旁边，他用铜牌在鹿的左角下做了标志。唐玄宗一检查，果然发现一个小铜牌，但是字迹已经模糊不清了。玄宗又问，从汉武帝打猎到今天有多少年了？张果老说，有825年了。玄宗一算，果然无误。张果老就成了"通玄先生"。

李白从招贤馆搬进了大明宫翰林院，开始人生的第一份工作——翰林待诏，这个职位就是等待皇帝随时下诏。因此，除了每十天一次的休息以外，其余时间都要随时恭候皇帝的命令。

不久，唐玄宗去骊山温泉宫，李白随同前往。骊山的温泉宫主要有两大建筑，一是长生殿，一是华清池。

到温泉宫的第二天，内侍太监传旨，命李白应诏，写一首驾幸温泉宫的诗。李白沉思片刻，一挥而就：

羽林十二将，罗列应星文。

霜仗悬秋月，霓旌卷夜云。

严更千户肃，清乐九天闻。

日出瞻佳气，葱葱绕圣君。

后来李白又奉诏写了十首《宫中行乐词》，流传下来八首。

其一：

小小生金屋，盈盈在紫微。

山花插宝髻，石竹绣罗衣。
每出深宫里，常随步辇归。
只愁歌舞散，化作彩云飞。

其二：

柳色黄金嫩，梨花白雪香。
玉楼巢翡翠，金殿锁鸳鸯。
选妓随雕辇，徵歌出洞房。
宫中谁第一，飞燕在昭阳。

其三：

卢橘为秦树，蒲萄出汉宫。
烟花宜落日，丝管醉春风。
笛奏龙吟水，箫鸣凤下空。
君王多乐事，还与万方同。

其四：

玉树春归日，金宫乐事多。
后庭朝未入，轻辇夜相过。
笑出花间语，娇来竹下歌。
莫教明月去，留著醉嫦娥。

其五：

绣户香风暖，纱窗曙色新。
宫花争笑日，池草暗生春。
绿树闻歌鸟，青楼见舞人。
昭阳桃李月，罗绮自相亲。

其六：

今日明光里，还须结伴游。
春风开紫殿，天乐下朱楼。
艳舞全知巧，娇歌半欲羞。
更怜花月夜，宫女笑藏钩。

其七：

寒雪梅中尽，春风柳上归。
宫莺娇欲醉，檐燕语还飞。
迟日明歌席，新花艳舞衣。
晚来移彩仗，行乐泥光辉。

其八：

水绿南薰殿，花红北阙楼。
莺歌闻太液，凤吹绕瀛洲。
素女鸣珠佩，天人弄彩毬。
今朝风日好，宜入未央游。

牡丹开了的时候，唐玄宗和杨贵妃在沉香亭赏花。宫廷乐师李龟年率领梨园子弟侍候，正要演奏，唐玄宗说："欣赏名花，不能用旧词。"

于是李白又奉诏作《清平调词》三首，供皇帝和贵妃吟唱赏玩。

其一：

> 云想衣裳花想容，春风拂槛露华浓。
> 若非群玉山头见，会向瑶台月下逢。

其二：

> 一枝红艳露凝香，云雨巫山枉断肠。
> 借问汉宫谁得似，可怜飞燕倚新妆。

其三：

> 名花倾国两相欢，常得君王带笑看。
> 解释春风无限恨，沉香亭北倚阑干。

这三篇作品堪称绝唱，第一首描写空间，把读者引入皇宫内院；第二首描写时间，以楚襄王和汉成帝做比喻；第三首则回到眼前的沉香亭。三首诗起承转合，前后呼应。

酒中仙

杜甫有一首《饮中八仙歌》，诗中写了唐朝八个嗜酒的名人，包括贺知章、李适之、汝阳王李琎、崔宗之、苏晋、张旭、焦遂和李白。其中写"李白一斗诗百篇，长安市上酒家眠，天子呼来不上船，自称臣是酒中仙。"李白这一生与诗酒结下了不解之缘，他自己就说过"百年三万六千日，一日须倾三百杯"，又说"兴酣落笔摇五岳"。

在李白的诗集中"酒"字比比皆是，他的《襄阳歌》就是一首酒歌，每一个字都和酒有关。李白还有一首《江上吟》，这首诗根本是一首醉酒出行诗。李白不但快活的时候喝酒助兴，愁苦的时候也离不开酒，深秋、阴雨、烟雾、冷风，整首诗弥漫着凄凉孤独的气氛，靠酒来熬过萧瑟的秋天，只有酒徒才会有这种作为。

杜甫有一首《饮中八仙歌》：

知章骑马似乘船，眼花落井水中眠。

汝阳三斗始朝天，道逢麴车口流涎，恨不移封向酒泉。

左相日兴费万钱，饮如长鲸吸百川，衔杯乐圣称避贤。

宗之潇洒美少年，举觞白眼望青天，皎如玉树临风前。

苏晋长斋绣佛前，醉中往往爱逃禅。

李白一斗诗百篇，长安市上酒家眠，天子呼来不上船，自称臣是酒中仙。

张旭三杯草圣传，脱帽露顶王公前，挥毫落纸如云烟。

焦遂五斗方卓然，高谈阔论惊四筵。

首先出现的是贺知章，他年纪最大，他曾和李白"解金龟换酒为乐"，他喝醉后，骑马的样子就像坐船那样摇摆不定，醉眼蒙眬直到跌进井里，还能熟睡不醒。

其次出现的人物是汝阳王李琎，贵为王侯却在路上看到麹车（即酒车）便流起口水，恨不得要把自己的封地迁到酒泉去。

接着出现的是李适之，他好宾客，喜豪饮。曾赋诗道："避贤初罢相，乐圣且衔杯，为问门前客，今朝几个来？"

然后是崔宗之和苏晋。崔宗之，样子很帅，姿态也很帅。苏晋却一边参禅，一边贪杯。

在李白后面出现的是张旭，人称"草圣"的他，"善草书，好酒，每醉后，号呼狂走，索笔挥洒，变化无穷，若有神助"（《杜臆》卷一）。

最后是焦遂，半醉之间却能口若悬河。

诗中写了唐朝八个嗜酒的名人，包括贺知章、李适之、汝阳王李琎、崔宗之、苏晋、张旭、焦遂和李白。其中写"李白一斗诗百篇，长安市上酒家眠，天子呼来不上船，自称臣是酒中仙。"这一段非常出名，突出了李白的好酒和性格，以至于好多人都以为这是李白自己写的。

嗜酒之人醉中往往在"长安市上酒家眠"，这不足为奇。但胆敢"天子呼来不上船"的，恐怕只有李白了。越醉诗兴越浓，越醉胆气越壮，天子召见，李白也不会毕恭毕敬，诚惶诚恐，而是自报家门，称"臣是酒中仙！"

好一个桀骜不驯、睥睨君王的李白，好一个神气十足、豪气干云的李白！寥寥数笔便令诗仙的形象跃然纸上。

李白这一生与诗酒结了不解之缘，他自己就说过"百年三万六千日，一日须倾三百杯"，又说"兴酣落笔摇五岳"。

在李白的诗集中"酒"字比比皆是，如果不让他用这个字，恐怕他的诗味道就要失色一半还多，在《襄阳歌》中，李白写道：

落日欲没岘山西，倒著接篱花下迷。
襄阳小儿齐拍手，拦街争唱《白铜鞮》。
旁人借问笑何事，笑杀山公醉似泥。
鸬鹚杓，鹦鹉杯。
百年三万六千日，一日须倾三百杯。
遥看汉水鸭头绿，恰似葡萄初酦醅。
此江若变作春酒，垒曲便筑糟丘台。
千金骏马换小妾，醉坐雕鞍歌《落梅》。
车旁侧挂一壶酒，凤笙龙管行相催。
咸阳市中叹黄犬，何如月下倾金罍？
君不见晋朝羊公一片石，龟头剥落生莓苔。
泪亦不能为之堕，心亦不能为之哀。

清风朗月不用一钱买，玉山自倒非人推。

舒州杓，力士铛，李白与尔同死生。

襄王云雨今安在？江水东流猿夜声。

这根本就是一首酒歌，每一个字都和酒有关。

诗的开头用了著名的酒徒晋朝山简的故事。接着又说秦朝的丞相李斯临刑前他对儿子说："我和你再牵着黄狗，一起出城门去打兔子，还有机会吗？"晋朝的羊祜镇守襄阳，经常去岘山，他对人说："由来贤达胜士登此远望，如我与卿者多矣，皆湮没无闻，使人悲伤。"羊祜死后，襄阳人在岘山立碑纪念他。见到碑的人想起羊祜的好处往往流泪，此碑因此名为"堕泪碑"。但是这碑到了今天又有什么意义呢？李斯到头来难免受刑，羊祜死后虽有人为之立碑纪念，但也难免被遗忘，哪有喝酒这般快乐呢？那清风和明月可以不花一文钱就能享用，巫山云雨的楚襄王也早已化为无形，远远不及自己用各种酒具一醉方休更加快活。

李白还有一首《江上吟》写道：

木兰之枻沙棠舟，玉箫金管坐两头。

美酒尊中置千斛，载妓随波任去留。

仙人有待乘黄鹤，海客无心随白鸥。

屈平词赋悬日月，楚王台榭空山丘。

兴酣落笔摇五岳，诗成笑傲凌沧洲。

功名富贵若长在，汉水亦应西北流。

唐汝询说这首诗的主题是"此因世途迫隘而肆志以行乐

也"（《唐诗解》卷十三）。差之毫厘谬以千里，这首诗根本是一首醉酒出行诗。

开头四句是夸张的出行前的排场，华丽的木船和乐器，旁边是美酒和美姬。

中间四句写江上纵酒的情形。

结尾四句酒至半酣的快活。

全诗 12 句是一个酒徒的生活片段，感情充沛，一气呵成。

不但是快活的时候喝酒助兴，李白愁苦的时候也离不开酒，他在《玉真公主别馆苦雨赠卫尉张卿二首》其一中写道：

秋坐金张馆，繁阴昼不开。
空烟迷雨色，萧飒望中来。
翳翳昏垫苦，沉沉忧恨催。
清秋何以慰，白酒盈吾杯。

深秋、阴雨、烟雾、冷风，整首诗弥漫着凄凉孤独的气氛，但有了酒就不一样了，所谓"何以解忧，唯有杜康"，靠酒来熬过萧瑟的秋天，只有酒徒才会有这种作为。

醉草退蛮书

"李太白醉草退蛮书"的故事在许多地方都有记载，最早的出处来自于唐代的《国史补》和《酉阳杂俎》，是非常简单的一个片段。后来，话本小说《警世通言》里有这一段，评书《隋唐演义》里也有这一段，故事的情节更加丰富了。故事说，渤海国书到，玄宗敕宣翰林学士，拆开番书，全然不识一字。

龙颜大怒，喝骂朝臣。贺内监朝散回家，将此事诉于李白。李白遂骑马随贺内监入朝，侍臣捧番书赐李白观看。李白看了一遍，微微冷笑，在御座前将唐音译出，宣读如流。天子见其应对不穷，圣心大悦，即日拜为翰林学士。随后李白草诏，杨国忠捧砚磨墨，高力士脱靴结袜。

"李太白醉草退蛮书"的故事在许多地方都有记载，最早的出处来自于唐代的《国史补》和《酉阳杂俎》，是非常简单的一个片段。后来，话本小说《警世通言》里有这一段，评书《隋唐演义》里也有这一段，故事的情节就更加丰富了。

忽一日，有番使递国书到。朝廷差使命急宣贺内监陪接番使，在馆驿安下。次日阁门舍人接得番使国书一道。玄宗敕宣翰林学士，拆开番书，全然不识一字，拜伏金阶启奏："此书皆是鸟兽之迹，臣等学识浅短，不识一字。"天子闻奏，将与南省试官杨国忠开读。杨国忠开看，双目如盲，亦不晓得，天子宣遍满朝文武，并无一人晓得，不知书上有何吉凶言语。龙颜大怒，喝骂朝臣："再有许多文武，并无一个饱学之士与朕分忧。此书识不得，将何回答发落番使，却被番邦笑耻，欺侮南朝，必动干戈，来侵边界，如之奈何！

敕限三日，若无人识此番书，一概停俸；六日无人，一概停职；九日无人，一概问罪。别选贤良，并扶社稷。"圣旨一出，诸官默默无言，再无一人敢奏。天子转添烦恼。

贺内监朝散回家，将此事述诉李白。白微微冷笑："可惜我李某去年不曾及第为官，不得与天子分忧。"贺内监大惊道："想必贤弟博学多能，辨识番书，下官当于驾前保奏。"次日，贺知章入朝，越班奏道："臣启陛下，臣家有一秀才，姓李名白，博学多能。要辨番书，非此人不可。"天子准奏，即遣使命，下诏前去内监宅中，宣取李白。李白告天使道："臣乃远方布衣，无才无识，今朝中有许多官僚，都是饱学之儒，何必问及草莽？臣不敢奉诏，恐得罪于朝贵。"说这句"恐得罪于朝贵"，隐隐刺着杨、高二人，使命回奏。天子问贺知章："李白不肯奉诏，其意云何？"知章奏道："臣知李白文章盖世，学问惊人。只为去年试场中，被试官屈批了卷子，羞抢出门，今日教他白衣入朝，有愧于心。乞陛下赐以恩典，遣一位大臣再往，必然奉诏。"玄宗道："依卿所奏。钦赐李白进士及第，着紫袍金带，纱帽象简见驾。就烦卿自去迎取，卿不可辞！"

贺知章领旨回家，请李白开读，备述天子真诚求贤之意。李白穿了御赐袍服，望门拜谢。遂骑马随贺内监入朝，玄宗于御座专待李白。李白至金阶拜舞，山呼谢恩，躬身而立。天子一见李白，如贫得宝，如暗得灯，如饥得食，如旱得雨。开金口，动玉音，道："今有番国责书，无人能晓，特宣卿至，为朕分忧。"白躬身奏道："臣因学浅，被太师批卷不中，高太尉将臣推抢出门。今有番书，何不令试官回答，却乃久滞番官在此？臣是愚笨秀才，不能称试官之意，怎能

称皇上之意?"天子道:"朕自知卿,卿其勿辞!"遂命侍臣捧番书赐李白观看。李白看了一遍,微微冷笑,在御座前将唐音译出,宣读如流。

番书云:

渤海国大可毒书达唐朝官家:

自你占了高丽,与俺国逼近,边兵屡屡侵犯吾界,想出自官家之意。俺如今不可耐者,差官来讲,可将高丽一百七十六城,让与俺国,俺有好物事相送。大白山之菟,南海之昆布,栅城之鼓,扶馀之鹿,鄚颉之豕,率宾之马,沃州之绵,消沱河之鲫,九都之李,乐游之梨,你官家都有份。若还不肯,俺起兵来厮杀,且看那家胜败?

众官听得读罢番书,不觉大惊,面面相觑,尽称"难得"。天子听了番书,龙颜不悦。沉吟良久,方问两班文武:"今彼番家要兴兵抢占高丽,有何策可以应敌?"两班文武,如泥塑木雕,无人敢应。贺知章启奏道:"自太宗皇帝三征高丽,不知杀了多少生灵,不能取胜,府库为之虚耗。天幸盖苏文死了,其子男兄弟争权,为我乡导。高宗皇帝遣老将李勣、薛仁贵统百万雄兵,大小百战,方才殄灭。今承平日久,无将无兵,倘干戈复动,难保必胜。兵连祸结,不知何时而止?愿吾皇圣鉴!"天子道:"似此如何回答他?"知章道:"陛下试问李白,必然善于辞命。"天子乃召白问之。李白奏道:"臣启陛下,此事不劳圣虑,来日宣番使入朝,臣当面回答番书,与他一般字迹,书中言语,羞辱番家,须要番国可毒拱手来降。"天子问,"可毒何人也?"李白奏道:"渤海风俗,称其王曰可毒。犹回鹘称可汗,吐番称赞普,六诏称诏,诃陵称悉莫,各从其俗。"天子见其应对不穷,圣心大悦，即日拜为翰林学士。遂设宴于金銮殿，宫商迭奏，琴瑟喧阗，嫔妃进酒，彩女传杯。御音传示："李卿，可开怀畅饮，休拘礼法。"李白尽量而饮，不觉酒浓身软。天子令内官扶于殿侧安寝。

次日五鼓，天子升殿。净鞭三下响，文武两班齐。李白宿醉犹未醒，内官催促进朝。百官朝见已毕，天子召李白上殿，见其面尚带酒容，两眼兀自有蒙眬之意。天子吩咐内侍，教御厨中造三分醒酒酸鱼羹来。不一会儿，内侍将金盘捧到鱼羹一碗。天子见羹气大热，御手取牙签调之良久，赐与李学士。李白跪而食之，顿觉爽快。是时百官见天子恩幸李白，且惊且喜，惊者怪其破格，喜者喜其得人。唯杨国忠、高力士愀然有不乐之色。圣旨宣番使入朝，番使山呼见圣已毕。李白紫衣纱帽，飘飘然有神仙凌云之态，手捧番书立于左侧柱下，朗声而读，一字不差，番使大骇。李白道："小邦失礼，圣上洪度如天，置而不较，有诏批答，汝宜静听！"番官战战兢兢，跪于阶下。天子命设七宝床于御座之傍，取于阗白玉砚，象管兔毫笔，独草尤香墨，五色金花笺，排列停当。赐李白近御榻前，坐锦墩草诏。李白奏道："臣靴不净，有污前席，望皇上宽恩，赐臣脱靴结袜而登。"天子准奏，命一小内侍："与李学士脱靴。"李白又奏道："臣有一言，乞陛下赦臣狂妄，臣方敢奏。"天子道："任卿失言，朕亦不罪。"李白奏道："臣前入试春闱，被杨太师批落，高太尉赶逐，今日见二人押班，臣之神气不旺。乞圣上吩咐杨国忠与臣捧砚磨墨，高力士与臣脱靴结袜，臣意气始得自豪，举笔草诏，口代天言，方可不辱君命。"天子用人之际，恐拂其意，只得传旨，叫"杨国忠捧砚，高力士脱靴"。二人心里暗暗自揣，前日科场中轻薄了他，说："这样书生，只好与我磨墨脱靴"，今日恃了天子一时宠幸，就来还话，报复前仇。出于无奈，不敢违背圣旨，正是敢怒而不敢言。

常言道：冤家不可结，结了无休歇。侮人还自侮，说人还自说。

李白此时扬扬得意，退袜登褥，坐在锦墩上。杨国忠磨得墨浓，捧砚侍立。论来爵位不同，怎么李学士坐了，杨太师倒侍立？因李白口代天言，天子宠以殊礼。杨太师奉旨磨墨，不曾赐坐，只得侍立。李白左手将须一拂，右手举起中山兔颖，向五花笺上，手不停挥，须臾，草就吓蛮书。字画齐整，并无差落，献于龙案之上，天子看了大惊，都是照样番书，一字不识。传与百官看了，个个骇然，天子命李白诵之。李白就御座前朗诵一遍：

大唐开元皇帝，诏谕渤海可毒：向昔石卵不敌，蛇龙不斗。本朝应运开天，抚有四海，将勇卒精，甲坚兵锐。颉利背盟而被擒，弄赞铸鹅而纳誓；新罗奏织锦之颂，天竺致能言之鸟，波斯献捕鼠之蛇，拂林进曳马之狗；白鹦鹉来自诃陵，夜光珠贡于林邑；骨利干有名马之纳，泥婆罗有良酢之献。无非畏威怀德，买静求安。高丽拒命，天讨再加，传世九百，一朝殄灭，岂非边天之咎征，衡大之明鉴与！况尔海外小邦，高丽附国，比之中国，不过一郡，士马刍粮，万分不及。若螳怒是逞，鹅骄不逊，天兵一下，千里流血，君同颉利之俘，国为高丽之续。方今圣度汪洋，恕尔狂悖，急宜悔祸，勤修岁事，毋取诛戮，为四夷笑。尔其三思哉！故谕。

天子闻之大喜，再命李白对番官面宣读一遍，然后用宝入函。李白仍叫高太尉着靴，方才下殿，唤番官听诏。李白重读一遍，读得声韵铿锵，番使不敢出声，面如土色，不免山呼拜舞辞朝，贺内翰送出都门，番官私问道："适才读诏者何人？"内翰道："姓李名白，官拜翰林学士。"番使道："多大的官，使太师捧砚，太尉脱靴？"内翰道："太师大臣，太尉亲臣，不过人间之极贵。那李学士乃天上神仙下降，赞助天朝，更有何人可及！"番使点头而别，归至本国，与国王述之，国王看了国书，大惊，与国人商议，天朝有神仙赞助，如何敌得，于是马上写了降表，愿年年进贡，岁岁来朝。

关于诗人的流言

李白刚开始做待诏翰林时，唐玄宗非常赏识他。李白的自我感觉也很好，俨然和王公大臣打成一片了。但李白不久就发现，他虽然经常得到唐玄宗的赏赐，但只是个御用侍从文人，没有任何政治地位，也没有权力，甚至不能参与起草诏书之类的正式文件。不仅如此，李白还能感觉到周围有流言在暗暗传播。这流言来自哪里呢？

李白刚开始做待诏翰林时，唐玄宗非常赏识他。李白的自我感觉也很好，他说："归来入咸阳，谈笑皆王公。"俨然和王公大臣打成一片了。

但李白不久就发现，他虽然经常得到唐玄宗的赏赐，但只是个御用侍从文人，没有任何政治地位，也没有权力，甚至不能参与起草诏书之类的正式文件。

不仅如此，随着一首首应诏诗得到皇帝的赞赏，李白还能感觉到周围有流言在暗暗传播，宫廷里恶意的眼神也越来越多了。

这流言来自哪里呢？李白第一个想到了皇帝身边的高力士。这位被封为冠军大将军、右监门卫大将军，进爵渤海郡公，后来又被封为左监门卫大将军，正三品的大太监。

高力士原名冯元一，自幼入宫，被宦官高延福收为养子，所以改名高力士。由于先帮助唐玄宗平定韦后之乱，后来又在太平公主的问题上很明确地支持当时做太子的李隆基，所以深得唐玄宗的宠信。唐玄宗睡觉的时候，必须要高力士值班才放心。不但如此，"每四方进奏文表，必先呈力士，然后进御，小事便决之。"根据《旧唐书·高力士传》中的这段记载，高力士可以代替唐玄宗处理一部分政事。

但李白转念一想，高力士此人权力虽大，做事却非常小心谨慎，平素不越雷池一步。再说，高力士已经位高权重，李白根本不可能威胁到他的地位。

难道是杨贵妃？

听说杨贵妃非常不喜欢那几首《清平调》，尤其是其二：

一枝红艳露凝香，云雨巫山枉断肠。
借问汉宫谁得似？可怜飞燕倚新妆。

第一句说牡丹花上洒上了露水，第二句楚襄王梦到的巫山神女也无法与杨贵妃相比，后两句化了妆的赵飞燕很像杨贵妃的妩媚动人。难道因为赵飞燕本是歌伎，虽被汉成帝立为皇后，但名声一直不佳？可是赵飞燕从来都是美女的象征，赵飞燕能在掌上舞的绝艺人人皆知啊。

难道是朝中的大臣？比如丞相李林甫？他以擅长音律为唐玄宗所欣赏，大家都说此人'口有蜜，腹有剑'，表面一团和气，却惯于暗箭伤人。

何况李林甫一向嫉贤妒能，"凡才望功业出己右及为上所厚、势位将逼己者，必百计去之。"不但对待大臣，甚至对待考生也是如此，"上欲广求天下之士，命通一艺以上皆诣京师。……既而至者皆试以诗、赋、论，遂无一人及第者，林甫乃上表贺野无遗贤"。唐玄宗本来准备选拔一批人才，但由于李林甫从中作梗，全国竟然无一人上榜。事后，李林甫居然向唐玄宗上表祝贺，说"野无遗贤"，天下的人才已经全部在朝为官了，民间没有一个遗漏掉的贤才。

李白百思不得其解，写了一首《翰林读书言怀呈集贤诸学士》来表白心迹。他写道：

晨趋紫禁中，夕待金门诏。

观书散遗帙，探古穷至妙。

片言苟会心，掩卷忽而笑。

青蝇易相点，《白雪》难同调。

本是疏散人，屡贻褊促诮。

云天属清朗，林壑忆游眺。

或时清风来，闲倚栏下啸。

严光桐庐溪，谢客临海峤。

功成谢人间，从此一投钓。

　　开篇破题，李白叙述自己的工作就是每天早晨到大内的翰林院去，从早到晚等候皇帝的诏命，这里的"金门"指西汉皇宫的金马门，此处是汉代宫中博士待诏的地方。《汉书》中曾记载，东方朔也曾"待诏金马门，稍得亲近"。李白在这里把自己暗比东方朔。

　　接下来，诗人写自己工作闲暇的消遣，就是在翰林院读书。如果某次对书中的片言只语有所领悟，自己也会情不自禁地掩卷微笑。

　　然后，诗人想起了那些流言飞语。仍是暗比东方朔，东方朔曾引用《诗经》中"营营青蝇"的说法来劝谏汉武帝"远巧佞，退谗言"。李白用青蝇来比喻那些流言的制造者，用曲高和寡的《阳春白雪》来比喻自己的志向。

　　下面，李白对自己作出评价，他觉得自己本是个散淡的人，而那些小人却说自己狭隘、偏激。李白对这种说法很不理解。

　　后面四句是写翰林院的风光和自己的日常状态。

　　最后用历史名人来比喻自己。从另一个角度对流言进行反驳，并且流露出退隐江湖的想法。

　　全诗通篇多用对偶句，文字流畅，用典明白，表现出李白诗歌"清水出芙蓉，天然去雕饰"的一贯风格。

　　这一天休假，李白去街市闲逛，偶过一处寺院，听到琴声，入内探问，原来是一位从四川来的僧人在弹琴，这叮叮咚咚的琴声触动了李白的心事。他在《听蜀僧濬弹琴》中写道：

蜀僧抱绿绮，西下峨眉峰。
为我一挥手，如听万壑松。
客心洗流水，余响入霜钟。
不觉碧山暮，秋云暗几重。

开头两句说明这位僧人的来历，其中"绿绮"原本是汉代司马相如的一张琴的名字，这里代指蜀僧的琴。

三四句写琴声的激昂，万壑松风的比喻十分形象生动。

五六句写自己的感受，其中暗含着俞伯牙钟子期的故事。《列子·汤问》中记载："伯牙善鼓琴，钟子期善听。伯牙鼓琴，志在登高山，钟子期曰：'善哉，峨峨兮若泰山！'志在流水，钟子期曰：'善哉，洋洋兮若江河！'"

最后两句还是写自己的感受，说心神俱醉，不知不觉中天色已晚。

用文字描写声音是很难的，一般都用各种形象把声音具体化，李白却主要通过自己的感受来表现琴声的优美动人。在这个微妙的时期，李白遇到一个家乡来的僧人，难免不暗暗地又开始想家了。

赐金还乡

李白在做待诏翰林时的诗文不多，但其中有两种情绪经常可以看到：一是表现自己深受唐玄宗器重的洋洋自得。二是表现自己没能施展抱负的郁闷。对一个诗人来说，进入大内，作品得到皇帝的欣赏，已经是达到事业的顶峰了。

　　但是李白不只是追求如此地位，他有一腔政治抱负想要施展。以李白的性格，他不可能安于现状。李白一向认为"夫欲平治天下，舍我其谁？"所以唐玄宗的赏赐让他觉得很不舒服，他不愿意维持现状，他不想在现实面前让步。天宝三年春，李白在几度徘徊犹豫之后，毅然上书请求"还山"。唐玄宗立刻批准，并赏赐了不少银两。

　　李白在做待诏翰林时的诗文不多，但其中有两种情绪经常可以看到：一是表现自己深受唐玄宗器重的洋洋自得。

比如这首《侍从游宿温泉宫作》：

羽林十二将，罗列应星文。
霜伏悬秋月，霓旌卷夜云。
严更千户肃，清乐九天闻。
日出瞻佳气，葱葱绕圣君。

二是表现自己没能施展抱负的郁闷。比如《长门怨》：

天回北斗挂西楼，金屋无人萤火流。
月光欲到长门殿，别作深宫一段愁。
桂殿长愁不记春，黄金四屋起秋尘。
夜悬明镜青天上，独照长门宫里人。

对一个诗人来说，进入大内，作品得到皇帝的欣赏，已经是达到事业的顶峰了。但是李白不只是追求如此地位，他有一腔政治抱负想要施展。

以李白的性格，他不可能安于现状。翰林待诏这个位置越来越像一块鸡肋，食之无味，弃之可惜。李白认为自己不只是一个诗人，他想成为朝廷重臣。如今虽然每日陪王伴驾，却都是些吟诗作赋的琐事。这种痛苦是李白无法忍受的。

李白一向认为"夫欲平治天下，舍我其谁？"这是他的气概、他的胸怀，他的魅力也就在于此。虽然所有的人都认为李白只是个诗人，是个天才的诗人，但没有治理国家、参与政事的才能。可是李白不这么看，他不肯放弃自己的想法。

所以唐玄宗的赏赐让他觉得很不舒服，他不愿意维持现状，他不想在现实面前让步。

天宝三年春，李白在几度徘徊犹豫之后，毅然上书请求"还山"。唐玄宗立刻批准，并赏赐了不少银两。

历史比较单调，而故事就有趣得多了。

话分两头，却说天子深敬李白，欲重加官职。李白启奏："臣不愿受职，愿得逍遥散淡，供奉御前，如汉东方朔故事。"天子道："卿既不受职，朕所有黄金白璧，奇珍异宝，惟卿所好。"李白奏道："臣亦不愿受金玉，愿得从陛下游幸，日饮美酒三千杯，足矣！"天子知李白清高，不忍相强。从此时时赐宴，留宿于金銮殿中，访以政事，恩幸日隆。一日，李白乘马游长安街，忽听得锣鼓齐鸣，见一簇刀斧手，拥着一辆囚车行来。白停骏问之，乃是并州解到犯罪将官，今押赴东市处斩。那囚车中，囚着个美大夫，生得甚是英伟，叩其姓名，声如洪钟，答道："姓郭名子仪。"李白相他容貌非凡，他日必为国家柱石，遂喝住刀斧手："待我亲往驾前保奏。"众人知是李谪仙学士，御手调羹的人，谁敢不依。李白当时回马，直叩宫门，求见天子，讨了一道赦敕，亲往东市开读，打开囚车，放出子仪，许他戴罪立功。子仪拜谢李白活命之恩，连说异日衔环结草，不敢忘报。

是时，宫中最重木芍药，是扬州贡来的。如今叫做牡丹花，唐时谓之木芍药。宫中种得四棵，开出四样颜色，大红、深紫、浅红、通白。玄宗天子移植于沉香亭前，与杨贵妃娘娘赏玩，诏梨园子弟奏乐。天子道："对妃子，赏名花，新花安用旧曲？"即命梨园长李龟年召李学士入宫。有内侍说道："李学士往长安市上酒肆中去了。"龟年不去九街，不走三市，一径寻到长安市去。只听得一个大酒楼上，有人歌道：

> 三杯通大道，一斗合自然。
> 但是酒中趣，勿为醒者传。

李龟年道："这歌的不是李学士是谁？"大踏步上楼梯来，只见李白独占一个小小座头，桌上花瓶内供一枝碧桃花，独自对花而酌，已吃得酩酊大醉，龟年上前道："圣上在沉香亭宣召学士，快去！"众酒客闻得有圣旨，一时惊骇，都站起来闲看。李白全然不理，张开醉眼，向龟年念一句陶渊明的诗，道是："我醉欲眠君且去。"念了这句诗，就瞑然欲睡。李龟年也有三分主意，向楼窗下面一招手，七八个从者，一齐上楼。不由分说，手忙脚乱，抬李学士到于门前，上了轿，众人左扶右持，龟年策马在后相随，直跑到五凤楼前。天子又遣内侍来催促了，敕赐"走马入宫"。龟年遂扶李白下马，同内侍帮扶，直至后宫，过了兴庆池，来到沉香亭。天子见李白在马上双眸紧闭，兀自未醒。命内侍铺紫潞桶于亭侧，扶白下马少卧。亲往省视，见白口流涎沫，天子亲以龙袖拭之。贵妃奏道："妾闻冷水洗面，可以解醒。"乃命内侍汲兴庆池水，使宫女含而喷之。白梦中惊醒，见御驾，大惊，俯伏道："臣该万死！臣乃酒中之仙，幸陛下恕罪！"天子御手挽起道："今日同妃子赏名花，不可无新词，所以召卿，可作《清平调》三章。"李龟年取主花笺授白，白带醉一挥，立成三首。

其一：

> 云想衣裳花想容，春风拂槛露华浓。
> 若非群玉山头见，会向瑶台月下逢。

其二：

> 一枝红艳露凝香，云雨巫山枉断肠。
> 借问汉宫谁得似；可怜飞燕倚新妆！

其三：

> 名花倾国两相欢，常得君王带笑看。
> 解释春风无限恨，沉香亭北倚阑杆。

天子览词，称羡不已："似此天才，岂不压倒翰林院许多学士。"即命龟年按调而歌，梨园众子弟丝竹并进，天子自吹玉笛以和之。歌毕，贵妃敛绣巾，再拜称谢。天子道："莫谢朕，可谢学士也！"贵妃持玻璃七宝杯，亲酌西凉葡萄酒，命宫女赐李学士饮。天子敕赐李白遍游内苑，令内侍以美酒随后，恣其酣饮。自是宫中内宴，李白每每被召，连贵妃亦爱而重之。

高力士深恨脱靴之事，无可奈何。一日，贵妃重吟前所制《清平调》三首，倚栏叹羡。高力士见四下无人，乘间奏道："奴婢初意娘娘闻李白此词，怨入骨髓，何反拳拳如是？"贵妃道："有何可怨？"力士奏道："'可怜飞燕倚新妆'，那飞燕姓赵，乃西汉成帝之后。则今画图中，画着一个武士，手托金盘，盘中有一女子，举袖而舞，那个便是赵飞燕。生得腰肢细软，行步轻盈，成帝宠幸无比。谁知飞燕竟与燕赤凤相通，匿于复壁之中。成帝入宫，闻壁衣内有人咳嗽声，搜得赤凤杀之。欲废赵后，赖其妹力救而止，遂终身不入正宫。今日李白以飞燕比娘娘，此乃诋毁之语，娘娘何不熟思？"原来贵妃那时以胡人安禄山为养子，出入宫禁，与之私通，满宫皆知，只瞒得玄宗一人。高力士说飞燕一事，正刺其心。贵妃于是心下怀恨，每于天子前说李白轻狂使酒，无人臣之礼。天子见贵妃不乐李白，遂不召他内宴，亦不留宿殿中。李白情知被高力士中伤，天子存疏远之意，屡次告辞求去，天子不允。乃益纵酒自废，与贺知章、李适之、汝阳王李琎、崔宗之、苏晋、张旭、焦遂为酒友，时人呼为"酒中八仙"。

却说玄宗天子心下实是爱重李白，只为宫中不甚相得，所以疏远了些。见李白屡次乞归，无心恋官，乃向李白道："卿雅志高蹈，许卿暂还，不日再来相召。但卿有大功于朕，岂可白手还山？卿有所需，朕当一一给予。"李白奏道："臣一无所需，但得手头有钱，日沽一醉足矣。"天子乃赐金牌一面，牌上御书："敕赐李白为天下无忧学士，逍遥落拓秀才，逢坊吃酒，遇库支钱，府给千贯，县给五百贯。文武官员军民人等，有失敬者，以违诏论。"又赐黄金千两，锦袍玉带，金鞍龙马，从者二十人。白叩头谢恩，天子又赐金花二朵，御酒三杯，于驾前上马出京，百官俱给假，携酒送行，自长安街直接到十里长亭，络绎不绝。只有杨太师、高太尉二人怀恨不送。内中唯贺内翰等酒友七人，直送至百里之外，流连三日而别。李白集中有《还山别金门知己诗》，略云：

恭承丹凤诏，数起烟萝中。

一朝去金马，飘落成飞蓬。

闲来东武吟，曲尽情未终。

书此谢知己，扁舟寻钓翁。

第四章

离 开 京 城

李白和杜甫

唐玄宗天宝三年，即公元744年，李白离开了长安，他没有回家，而是踏上了游历之路。

李白出长安向东走，来到汴州（今河南开封），有几位当地的朋友设宴为他洗尘。宴会已毕，李白便离开汴州，又来到了东都洛阳。此时的杜甫正在洛阳城中，他几年前落榜后，至今仍是布衣，也在苦闷之中。

天宝三载五月，"诗仙"李白和"诗圣"杜甫，这对大唐文坛的双子星座相会于东都洛阳，两人谈起彼此的诗词，杜甫说起《望岳》，李白说起《蜀道难》，彼此都十分欣赏对方的才华，结下了深厚的友谊。这时，另一位诗人高适也来到洛阳，三人心绪相同，便志同道合，一起在洛阳闲游。不久，济

南郡司马李之芳设宴，遍邀天下名士，杜甫和李白
一起去了济南。第二天，李白向杜甫谈起自己的新
作《梦游天姥吟留别》。杜甫听后，对诗中的奇幻
瑰丽激赏不已，赞不绝口。二人盘桓数日，再次分
手，不久李白去了江东，杜甫则去了长安。

唐玄宗天宝三年，即公元744年，李白离开了长安，他
没有回家，而是踏上了游历之路。

李白出长安向东走，来到汴州（今河南开封），有几位
当地的朋友设宴为他洗尘。李白写道：

> 金樽清酒斗十千，玉盘珍馐直万钱。
>
> 停杯投箸不能食，拔剑四顾心茫然。
>
> 欲渡黄河冰塞川，将登太行雪满山。
>
> 闲来垂钓碧溪上，忽复乘舟梦日边。
>
> 行路难，行路难，多歧路，今安在？
>
> 长风破浪会有时，直挂云帆济沧海。

这是李白所写的三首《行路难》的第一首，表现了诗人
此时的复杂心情。

诗的前两句写朋友的盛情款待，菜肴丰盛，而且价格不
菲。但一向好酒的诗人心事重重，四顾茫然。

诗的第三句写前途未卜，不知去向何方。

诗的第四句转而情绪渐渐高涨，他想到两位古人，一位
是姜太公，须发皆白才遇到周文王；一位是伊尹，在做宰相
前曾梦见自己乘舟绕日月而过。这两位历经坎坷，终于成就

一番事业的故事让李白又开始对前途充满幻想。

最后两句，熟悉的那个李白又回来了，他写道"行路难，行路难，多歧路，今安在？"表现出对困难的不屑一顾。这首诗一共14句，篇幅虽短，情感的起伏却很大。

《行路难》其二：

> 大道如青天，我独不得出。
> 羞逐长安社中儿，赤鸡白狗赌梨栗。
> 弹剑作歌奏苦声，曳裾王门不称情。
> 淮阴市井笑韩信，汉朝公卿忌贾生。
> 君不见昔时燕家重郭隗，拥篲折节无嫌猜。
> 剧辛乐毅感恩分，输肝剖胆效英才。
> 昭王白骨萦蔓草，谁人更扫黄金台？
> 行路难，归去来！

这一首的感情更加激烈，开始便是情绪的宣泄。这首诗表现了李白对功名的渴望，对困难的无畏。结尾的"行路难，归去来"，有愤懑，也有不服气。

宴会已毕，李白便离开汴州，又来到了东都洛阳。

此时的杜甫正在洛阳城中，他几年前落榜后，至今仍是布衣，也在苦闷之中。

天宝三年五月，"诗仙"李白和"诗圣"杜甫，这对大唐文坛的双子星座相会于东都洛阳。

在洛阳文士为李白洗尘的宴会上，杜甫第一次看到比他大11岁的李白，两人谈起彼此的诗词，杜甫说起《望岳》，李白说起《蜀道难》，彼此都十分欣赏对方的才华。虽然两人的地位不可同日而语，却交下了深厚的友谊。

杜甫曾在《与李十二白同寻范十隐居》中写道：

> 李侯有佳句，往往似阴铿。
> 余亦东蒙客，怜君如弟兄。
> 醉眠秋共被，携手日同行。
> 更想幽期处，还寻北郭生。
> 入门高兴发，侍立小童清。
> 落景闻寒杵，屯云对古城。
> 向来吟橘颂，谁欲讨莼羹。
> 不愿论簪笏，悠悠沧海情。

这首诗中说李白和杜甫亲如兄弟，酒醉后盖同一条被子睡觉，平日里携手同游，一同去寻访隐士。看来两人的兴趣爱好也很近似。

这时，另一位诗人高适也来到洛阳，三个人虽然境遇不同，但都是失意者。杜甫是科举未中，李白和高适都是刚刚辞官。三人心绪相同，便志同道合，一起在洛阳闲游。

李白在《梁园吟》中写道：

> 我浮黄河去京阙，挂席欲进波连山。
> 天长水阔厌远涉，访古始及平台间。
> 平台为客忧思多，对酒遂作《梁园歌》。

三人暂时分手各自回家。不久，济南郡司马李之芳设宴，遍邀天下名士，杜甫和李白一起去了济南。杜甫和李白都是大醉一场，杜甫写道：

> 秋来相顾尚飘蓬，未就丹砂愧葛洪。
>
> 痛饮狂歌空度日，飞扬跋扈为谁雄？

李白写道：

> 醉别复几日，登临遍池台。
>
> 何时石门路，重有金樽开？
>
> 秋波落泗水，海色明徂徕。
>
> 飞蓬各自远，且尽手中杯。

第二天，李白向杜甫谈起自己的新作《梦游天姥吟留别》，诗中写道：

> 海客谈瀛洲，烟涛微茫信难求。
>
> 越人语天姥，云霓明灭或可睹。
>
> 天姥连天向天横，势拔五岳掩赤城。
>
> 天台四万八千丈，对此欲倒东南倾。
>
> 我欲因之梦吴越，一夜飞度镜湖月。
>
> 湖月照我影，送我至剡溪。
>
> 谢公宿处今尚在，渌水荡漾清猿啼。
>
> 脚着谢公屐，身登青云梯。
>
> 半壁见海日，空中闻天鸡。
>
> 千岩万转路不定，迷花倚石忽已暝。
>
> 熊咆龙吟殷岩泉，慄深林兮惊层巅。

云青青兮欲雨，水澹澹兮生烟。

列缺霹雳，丘峦崩摧。

洞天石扉，訇然中开。

青冥浩荡不见底，日月照耀金银台。

霓为衣兮风为马，云之君兮纷纷而来下。

虎鼓瑟兮鸾回车，仙之人兮列如麻。

忽魂悸以魄动，恍惊起而长嗟。

惟觉时之枕席，失向来之烟霞。

世间行乐亦如此，古来万事东流水。

别君去兮何时还，且放白鹿青崖间，须行即骑访名山。

安能摧眉折腰事权贵，使我不得开心颜！

《梦游天姥吟留别》译文：

来往于海上的人谈起仙人居住的瀛洲，烟雾、波涛迷茫无际，实在难以寻求。越地的人谈起天姥山，在云雾霞光中时隐时现有时还能看见。天姥山高耸入云，连着天际，横向天外。山势高峻超过五岳，盖过赤城山。天台山高四万八千丈，对着天姥山，好像要向东西倾斜拜倒一样。我根据它梦游到了吴越，一天夜里，飞渡过了明月映照的镜湖。镜湖的月光照着我的影子，一直送我到了剡溪。谢灵运住的地方如今还在，清水荡漾，猿猴清啼。脚上穿着谢公当年特制的木鞋，攀登像青云梯一样险峻的石梯。半山腰就看见了海上的日出，空中传来天鸡的叫声。山路盘旋弯曲，方向不定，倚石欣赏迷人的山花忽然天色已经昏暗。熊咆龙吟震动了山岩清泉，茂密的森林为之战栗，层层山峰为之惊颤。云层黑沉

沉的，像是要下雨，水波动荡生起了烟雾。电光闪闪，雷声轰鸣，山峰好像要被崩塌似的。神仙洞府的石门，訇然一声从中间裂开。天色昏暗看不到洞底，日月照耀着金银台。用彩虹做衣裳，将风作为马来乘，云中的神仙们纷纷下来。老虎弹琴，鸾凤拉车。仙人们排成列，多如密麻。忽然惊魂动魄，恍惚间惊醒起来而长长地叹息。醒来时只有身边的枕席，刚才梦中的绮丽仙境已经消失。人世间的欢乐也不过如此，自古以来万事都像东流水一去不复返。与君分别何时才能回来，暂且把白鹿放牧在青崖间，等到游览时就骑上它访名川大山。我岂能低头弯腰，去侍奉权贵，使我心中郁郁寡欢，极不舒坦！

这是一首记梦诗，也是游仙诗。此诗所描写的梦游，也许并非完全虚托，但无论是否虚托，梦游更适于超脱现实，更便于发挥他的想象和夸张的才能。全诗意境雄伟，变化惝恍莫测，缤纷多彩的艺术形象，新奇的表现手法，向来为人传诵。被视为李白的代表作之一。天宝三年，李白被唐玄宗赐金放还，开始了一个不安定的灵魂的漫游之路。如何对生命意义重新定位，怎样的走路方式更适合于自己高洁的品性，怎样的人生才是美丽的人生，政治的失败使他不羁的性灵开始了新的思考。在"儒""道""侠"的传统文化思想深刻的影响下，李白写了《梦》一诗，给我们留下了最完美的审美示范。

这首诗内容丰富、曲折、奇谲、多变，它的形象辉煌流丽，缤纷多彩，构成了全诗的浪漫主义华澹情调。它的主观意图本来在于宣扬"古来万事东流水"这样颇有消极意味的思想，可是它的格调却是昂扬振奋的，潇洒出尘的，有一种

不卑不屈的气概流贯其间，并无消沉之感。全诗雄奇豪放，瑰丽飘逸，是诗人继承屈原《离骚》《九歌》风格的一首浪漫主义的优秀诗篇。

杜甫听到这首诗，对诗中的奇幻瑰丽激赏不已，赞不绝口。

二人盘桓数日，再次分手，不久李白去了江东睢阳，杜甫则去了长安。

朋友们的近况

李白到了睢阳之后，故地重游，又到了梁园，在这里他遇到了故友岑勋。李白又一次来到扬州，依旧是春风杨柳万千条的三月，但满目风光不再。李白一路走来，一路感怀，一路打听故友的情况，没想到坏消息一个接着一个。

王昌龄这些年被一贬再贬，被贬到夜郎西去了。李适之已死，崔成甫被贬，李邕被当场打死在公堂之上，还有王忠嗣的冤案。李白震惊了。

李白到了睢阳之后，故地重游，又到了梁园，在这里他遇到了故友岑勋，两人不免谈起几年前在元丹丘的"颍阳山居"的日子。那时大家都意气风发，想不到自己奉诏入朝后，如今却又回到起点。李白写下《鸣皋歌送岑征君》诗：

若有人兮思鸣皋，阻积雪兮心烦劳。

洪河凌兢不可以径度，冰龙鳞兮难容舠。

邈仙山之峻极兮，闻天籁之嘈嘈。

霜崖缟皓以合沓兮，若长风扇海涌沧溟之波涛。

玄猿绿罴，舔谈崟岊；

危柯振石，骇胆栗魄，群呼而相号。

峰峥嵘以路绝，挂星辰于崖嶅！

送君之归兮，动鸣皋之新作。

交鼓吹兮弹丝，觞清泠之池阁。

君不行兮何待？若返顾之黄鹤。

扫梁园之群英，振大雅于东洛。

巾征轩兮历阻折，寻幽居兮越巇嵲。

盘白石兮坐素月，琴松风兮寂万壑。

望不见兮心氛氲，萝冥冥兮霰纷纷。

水横洞以下渌，波小声而上闻。

虎啸谷而生风，龙藏溪而吐云。

冥鹤清唳，饥鼯嗫呻。

块独处此幽默兮，愀空山而愁人。

鸡聚族以争食，凤孤飞而无邻。

螟蛉嘲龙，鱼目混珍；

嫫母衣锦，西施负薪。

若使巢由桎梏于轩冕兮，亦奚异于夔龙蹩于风尘！

哭何苦而救楚，笑何夸而却秦？

吾诚不能学二子沽名矫节以耀世兮，固将弃天地而遗身！

白鸥兮飞来，长与君兮相亲。

文辞仿佛屈原的《离骚》，其中的牢骚也仿佛屈原的《离骚》。

李白又一次来到扬州，依旧是春风杨柳万千条的三月，但满目风光不再，心境更加沉郁，过去的豪气干云转为胸中丘壑，他在《留别广陵诸公》一诗中，写道：

> 忆昔作少年，结交赵与燕。
>
> 金羁络骏马，锦带横龙泉。
>
> 寸心无疑事，所向非徒然。
>
> 晚节觉此疏，猎精草太玄。
>
> 空名束壮士，薄俗弃高贤。
>
> 中回圣明顾，挥翰凌云烟。
>
> 骑虎不敢下，攀龙忽堕天。
>
> 还家守清真，孤洁励秋蝉。
>
> 炼丹费火石，采药穷山川。
>
> 卧海不关人，租税辽东田。
>
> 乘兴忽复起，棹歌溪中船。
>
> 临醉谢葛强，山公欲倒鞭。
>
> 狂歌自此别，垂钓沧浪前。

从以前的少年游，一直写到如今的人到中年，才华依旧，风格却略有变化，轻松的小调变成了深沉的协奏曲。

李白一路走来，一路感怀，一路打听故友的情况，没想到坏消息一个接着一个。

王昌龄虽然没有隐居起来，这些年却一贬再贬，最近更是因为一些鸡毛蒜皮的小事，被贬到夜郎西的龙标（今湖南省黔阳县）去了，在当时人看来，这简直就是远离长安的蛮荒之地了。李白惊愕不已，写下《闻王昌龄左迁龙标，遥有此寄》：

> 杨花落尽子规啼，闻道龙标过五溪。
> 我寄愁心与明月，随君直到夜郎西。

李适之已死，崔成甫被贬，这两人都是卷进了"谋立太子"一案，李适之先是被贬，接着听说李林甫要派人来对他刑讯，心中恐惧，服毒自杀了。崔成甫也被此案株连，被贬到湘阴。

接着是李邕，北海太守李邕名声远扬，家境豪奢，早就为李林甫所嫉恨，被莫须有地牵连进一桩案子，李林甫派罗希奭到北海郡严刑逼供，李邕拒不认罪，被当场打死在公堂之上。淄州太守裴敦复也被牵连进去，也被打死在公堂之上。

然后是王忠嗣的冤案，李白在长安与这位镇守边关的名将曾有一面之缘。前不久，王忠嗣因为上表劝阻攻取吐蕃石堡城一事，说这个要塞易攻难守，取之无益，被李林甫先是以"阻挠军功"的罪名贬官，用哥舒翰代王忠嗣为河西陇右节度使，然后唆使人诬告王忠嗣有"谋立太子"之意，也被卷进这桩案子，再贬做汉阳太守。

哥舒翰率大军攻取石堡，果然如王忠嗣所言，不但牺牲了几万士卒的性命，还得而复失。王忠嗣听到消息，上个月抑郁而终。

李白震惊了，他不是将军，不能上阵杀敌。他有笔，他要写诗，让大家传唱，让大家知道最近发生的一系列悲剧。
于是他写下《答王十二寒夜独酌有怀》：

昨夜吴中雪，子猷佳兴发。

万里浮云卷碧山，青天中道流孤月。

孤月沧浪河汉清，北斗错落长庚明。

怀余对酒夜霜白，玉床金井冰峥嵘。

人生飘忽百年内，且须酣畅万古情。

君不能狸膏金距学斗鸡，坐令鼻息吹虹霓。

君不能学哥舒，横行青海夜带刀，西屠石堡取
紫袍。

吟诗作赋北窗里，万言不值一杯水。

世人闻此皆掉头，有如东风射马耳。

鱼目亦笑我，请与明月同。

骅骝拳跼不能食，蹇驴得志鸣春风。

折杨黄华合流俗，晋君听琴枉清角。

巴人谁肯和阳春。楚地由来贱奇璞。

黄金散尽交不成，白首为儒身被轻。

一谈一笑失颜色，苍蝇贝锦喧谤声。

曾参岂是杀人者，谗言三及慈母惊。

与君论心握君手，荣辱于余亦何有。

孔圣犹闻伤凤麟，董龙更是何鸡狗。

一生傲岸苦不谐，恩疏媒劳志多乖。

严陵高揖汉天子，何必长剑拄颐事玉阶。

达亦不足贵，穷亦不足悲。

韩信羞将绛灌比，祢衡耻逐屠沽儿。

君不见李北海，英风豪气今何在。

君不见裴尚书，土坟三尺蒿棘居。

少年早欲五湖去，见此弥将钟鼎疏。

李林甫的恶行朝廷尽人皆知，却无一人敢禀告唐玄宗，当时有首《夷则格上白鸠拂舞辞》，说："铿鸣钟，考朗鼓。歌白鸠，引拂舞。白鸠之白谁与邻，霜衣雪衿诚可珍，含哺七子能平均。食不噎，性安驯。首农政，鸣阳春。天子刻玉杖，镂形赐耇人。白鹭之白非纯真，外洁其色心匪仁。阙五德，无司晨，胡为啄我葭下之紫鳞。鹰鹯雕鹗，贪而好杀，凤凰虽大圣，不愿以为臣。"内容晦涩，但流传很广，看到的人都说诗中的"白鸠"是指开元前期的贤相姚崇、宋璟等人；诗中的"白鹭"是指"口蜜腹剑"的李林甫；诗中"鹰鹯雕鹗"是指屡兴大狱的酷吏罗希奭等人；诗中的"凤凰"是指皇帝唐玄宗。

天宝年间，朝廷上下人人自危。开元盛世的升平气象已渐行渐远。

李白到了金陵，在《登金陵凤凰台》一诗中也忍不住一抒胸臆，批评朝政，开头说："凤凰台上凤凰游，凤去台空江自流。吴宫花草埋幽径，晋代衣冠成古丘。三山半落青山外，一水中分白鹭洲。"结尾直指皇帝身边的权臣："总为浮云能蔽日，长安不见使人愁。"

～♨️ 又遇杜甫

李白继续在各地漫游，直到公元749年，在梁园迎娶宗氏夫人。宗氏和许娘子家门第一样，她的爷爷是前朝丞相宗楚客。宗氏自幼读书，家学渊源深厚，并且和李白一样信奉神仙和道教。天宝十年（751年）的秋天，元丹丘来信了。他搬到了南阳附近的石门山中，请李白来做客。故友重逢，两人对朝局交换意见。

这一年的秋天，李白到达蓟县，这是幽州节度使幕府所在地。何昌浩陪同他从范阳到蓟门，从渔阳到易水周游了一番，正在李白意气风发之时，他接到了一封家书，夫人宗氏重病，李白当即辞别何昌浩，离开了幽州，赶到河南。路过洛阳的时候，李白又遇到了杜甫。

李白继续在各地漫游，直到公元749年，李白在梁园（今河南开封）迎娶宗氏夫人。

宗氏和许娘子家门第一样，她也是一个丞相的孙女，宗娘子的爷爷是前朝丞相宗楚客，宗楚客是武则天的表侄，宗家兄弟三人都曾是武则天的亲信，宗楚客在武则天执政期间做过丞相，在唐中宗执政时也曾拜相，后来在"韦后之乱"时，被唐玄宗率兵杀死。

宗氏自幼读书，家学渊源深厚，并且和李白一样信奉神仙和道教。

李白曾在《题嵩山逸人元丹丘山居》中说："拙妻好乘鸾，娇女爱飞鹤。提携访神仙，从此炼金药。"这首诗是写给他的好友、同样信奉道教的元丹丘的，诗里说，我们夫妇带着女儿和你一起炼丹，以后全家都飞到天上去成仙。

宗氏还曾与女道士李腾空一起求仙，李白在《送内寻庐山女道士李腾空二首》中说：

> 君寻腾空子，应到碧山家。
> 水春云母碓，风扫石楠花。
> 若爱幽居好，相邀弄紫霞。
> 多君相门女，学道爱神仙。
> 素手掬青霭，罗衣曳紫烟。
> 一往屏风叠，乘鸾著玉鞭。

天宝十年的秋天，元丹丘来信了。他搬到了南阳附近的石门山中，请李白来做客。

故友重逢，两人不必隐瞒，开诚布公地对朝局交换意见。

听元丹丘说，这两年大部分人都倒了霉，可是除李林甫、杨贵妃的哥哥杨国忠外，还有一人升迁很快，并且封王。李白一听，是吗？没有听说李氏皇族最近有人封王啊。

元丹丘说，这人不是李姓，甚至也不是汉人，是"杂胡"，他就是原先的平卢节度使安禄山，后来兼了幽州节度使，现在又兼了河东节度使，一人兼了三个节度使，边关一多半的兵力都在他手中了，就是此人被封为东平郡王。

安禄山？李白听说过此人，这是个大胖子，据说是杨贵

妃的干儿子。

但是具体情况，元丹丘和李白就不清楚了，两个人都和边将没有深入接触过。只是空发议论，然后就叙起离别之情。

但是说起边关，李白的心又动了。

前不久他收到老友何昌浩的来信，说自己在幽州节度使的幕府中任职，请他去幽州"何妨来此一游"。这个幽州节度使不就是安禄山吗？

李白回到家后，就给何昌浩写了回信，信中附诗《赠何七判官昌浩》：

> 有时忽惆怅，匡坐至夜分。
> 平明空啸咤，思欲解世纷。
> 心随长风去，吹散万里云。
> 羞作济南生，九十诵古文。
> 不然拂剑起，沙漠收奇勋。
> 老死阡陌间，何因扬清芬？
> 夫子今管乐，英才冠三军。
> 终与同出处，岂将沮溺群？

作为一个行动派，一个性格外向的人，李白不等回信，立刻出发前往幽州。他在经过开封时，在朋友为他饯行的筵席上写的《留别于十一兄逖裴十三游塞垣》中，他悼古伤今：

> 太公渭川水，李斯上蔡门。

钓周猎秦安黎元，小鱼鶪兔何足言。

天张云卷有时节，吾徒莫叹羝触藩。

于公白首大梁野，使人怅望何可论。

既知朱亥为壮士，且愿束心秋毫里。

秦赵虎争血中原，当去抱关救公子。

裴生览千古，龙鸾炳文章。

悲吟雨雪动林木，放书辍剑思高堂。

劝尔一杯酒，拂尔裘上霜。

尔为我楚舞，吾为尔楚歌。

且探虎穴向沙漠，鸣鞭走马凌黄河。

耻作易水别，临岐泪滂沱。

　　这一年的秋天，李白到达蓟县，这是幽州节度使幕府所在地。但是东平郡王安禄山入朝了，不能相见。何昌浩陪同他从范阳到蓟门，从渔阳到易水周游了一番，李白第一次来到幽州，看到军容整肃，杀气腾腾。这些边关的将士是真正的军人，他们的气概和长安城的御林军完全不同，御林军盔甲鲜明，但是轻佻浮躁，没有经过战场的军人不是真正的军人，李白想到此处，他写了《出自蓟北门行》一诗：

虏阵横北荒，胡星耀精芒。

羽书速惊电，烽火昼连光。

虎竹救边急，戎车森已行。

明主不安席，按剑心飞扬。

推毂出猛将，连旗登战场。

兵威冲绝幕，杀气凌穹苍。

列卒赤山下，开营紫塞傍。

孟冬风沙紧，旌旗飒凋伤。

画角悲海月，征衣卷天霜。

挥刃斩楼兰，弯弓射贤王。

单于一平荡，种落自奔亡。

收功报天子，行歌归咸阳。

　　正在李白意气风发之时，他接到了一封家书，夫人宗氏重病，李白当即辞别何昌浩，离开了幽州，赶到河南。

　　路过洛阳的时候，李白又遇到了杜甫。

　　两人议论朝政，忧心时局。杜甫听说李白去了安禄山的营中，颇不以为然，他认为安禄山目不识丁，只是个莽夫。但接替王忠嗣的河西陇右节度使哥舒翰就不同了，此人有韬略，喜读春秋，并且极为忠义，他曾在唐玄宗面前力保王忠嗣，以致声泪俱下，使唐玄宗没有杀掉王忠嗣。如今哥舒翰已经是陇右兼河西等镇节度使，加开府仪同三司，并且兼御史大夫。民谣中唱道："北斗七星高，哥舒夜带刀。至今窥牧马，不敢过临洮。"

　　李白一听，对哥舒翰便肃然起敬，他写了《述德兼陈情上哥舒大夫》一诗，说：

天为国家孕英才，森森矛戟拥灵台。

浩荡深谋喷江海，纵横逸气走风雷。

丈夫立身有如此，一呼三军皆披靡。

卫青漫作大将军，白起真成一竖子。

杜甫读了之后，十分不解，他问道："既然是'述德兼陈情'，怎么通篇看不出是在陈什么情呢？"李白微微一笑说："我自写我的，他能不能听出来弦外之音，就是他的事情了。"

两人相约，李白回家探视夫人病情后，如果夫人的病情并不严重，两人来年春天再到长安相会。

❧ 诀别长安

李白回到河南道睢阳城外的梁园家中。夫人病已痊愈。第二年的春天，李白便动身前往长安。这时，杜甫已经把家搬到了长安城。两人在曲江池遇到杨贵妃的姐姐秦国夫人、韩国夫人和虢国夫人到此踏青。正是杨家的飞扬跋扈和杨国忠的胡作非为，直接造成安禄山的反叛。

杨国忠执政期间，国事开始每况愈下。他曾两次鼓动唐玄宗发动征讨南诏的战争，两次均大败。选官、审核完全由杨国忠一人垄断，朝局如此，李白和杜甫完全没有机会，两人一事无成。

李白回到河南道睢阳城外的梁园家中。夫人病已痊愈，只是满面愁容。夫妻相见，夫人愁容立刻便散尽了。她劝说李白："每日如此奔波劳碌，以后终有一死，又有何益。不如我们到嵩山中去隐居修道吧。"李白却说："我已经和杜子美相约，明年春天到长安去。不能言而无信。"

第二年的春天，李白便动身前往长安。

这时，杜甫已经把家搬到了长安城。李白来到杜甫家中，两人相见，尽叙离情。

第二天，同去芙蓉园的曲江池。只见芙蓉依旧，杨柳如烟。

忽然人声嘈杂，原来是杨贵妃的姐姐秦国夫人、韩国夫人和虢国夫人三人到此踏青，旌旗招展，仪仗林立。盛装丽人乘马而行，过了一队又一队，花枝招展，笑语盈盈，也不知道哪是那三位夫人。

李白很是惊讶，说："我在翰林院随同圣上出游，也不过如此气势罢了，怎么这三位夫人如此招摇过市？"杜甫告诉他说："李林甫已经死了，现在的丞相是杨国忠，他可是杨贵妃和这三位夫人的哥哥。前几日，三位夫人的仪仗和一位驸马的仪仗在街上冲撞，连驸马都被杨家的人打了。""驸马？驸马的妻子是公主啊，难道就这么善罢甘休？""杨家气焰熏天，听说公主去圣上那里哭诉，也是不了了之。"两人摇头叹息。当晚，杜甫写了《丽人行》一诗：

三月三日天气新，长安水边多丽人。

态浓意远淑且真，肌理细腻骨肉匀。

绣罗衣裳照暮春，蹙金孔雀银麒麟。

头上何所有，翠微榼叶垂鬓唇。

背后何所见，珠压腰衱稳称身。

就中云幕椒房亲，赐名大国虢与秦。

紫驼之峰出翠釜，水精之盘行素鳞。

犀箸厌饫久未下，鸾刀缕切空纷纶。

黄门飞鞚不动尘，御厨络绎送八珍。

箫鼓哀吟感鬼神，宾从杂遝实要津。

后来鞍马何逡巡，当轩下马入锦茵。

杨花雪落覆白蘋，青鸟飞去衔红巾。

炙手可热势绝伦，慎莫近前丞相嗔。

后来，李白回忆此事，写了《古风·咸阳二三月》一诗：

咸阳二三月，宫柳黄金枝。

绿帻谁家子，卖珠轻薄儿。

日暮醉酒归，白马骄且驰。

意气人所仰，冶游方及时。

子云不晓事，晚献长杨辞。

赋达身已老，草玄鬓若丝。

投阁良可叹，但为此辈嗤。

这时，远离朝廷的李白和杜甫还不知道，李林甫之死和杨国忠有直接的关系。他们更不知道，正是杨家的飞扬跋扈和杨国忠的胡作非为，将直接造成安禄山的反叛。

杨国忠，本名杨钊，从小喜欢喝酒赌博，非常潦倒。但他毕竟出身官宦之家，在 30 岁时，做了新都尉。剑南节度使见他仪表堂堂，口才非常好，尤其是此时杨玉环刚封为贵妃，所以对他格外欣赏。特意派杨钊到京城向朝廷贡奉蜀锦，顺便疏通贵妃的门路。到长安后，杨钊立刻被引见给玄宗，升为金吾兵曹参军。不久，杨钊又升为监察御史，很快

再升为度支员外郎，兼侍御史。不到一年，他便从小小的新都尉一越而成为朝廷重臣，身兼十余职。

杨钊理财，并不是一无是处，他小有才能。天宝七年，杨钊上表，建议把各州县库存的粮食、布帛变卖掉，换成轻货送进京，同时各地丁租地税也变买布帛送到京城。后来，唐玄宗去参观杨钊管理的左藏，一看国库充盈，当下赐杨钊紫金鱼袋，兼太府卿，成为负责国家财政的大员。后来唐玄宗为杨钊赐名"国忠"。

起初杨国忠与李林甫关系非常密切。杨国忠竭力讨好李林甫，李林甫也因为杨国忠是皇亲国戚，格外看重。

在李林甫陷害太子李亨、趁机株连朝廷大臣时，杨国忠也为虎作伥，出了不少力。但随着杨国忠的地位越来越高，两个人的关系也越来越糟。

杨国忠越来越跋扈，李林甫也越来越郁闷。天宝十一年十一月，心情压抑的李林甫死了，杨国忠任右相，兼文部尚书等40余职。

杨国忠执政期间，国事开始每况愈下。他曾两次鼓动唐玄宗发动征讨南诏的战争。两次均大败，官兵阵亡将近20万人。

朝廷上下都有非议，杨国忠为了笼络人心，放纵属下，让文部选官不论才能，只凭资历。而唐朝惯例，对选官的规定十分严格，每次须经三注三唱，往往要三四个月才能完成。杨国忠却自作聪明，他先把下属叫到自己家里，商量好名单，然后把各部长官叫到尚书都堂，宣读一名便确定一名，一次选官一天就搞完了。

选官之后，原本要由门下省来审核。但是杨国忠说：

"既然各部长官都在，都听到宣读了，门下省也算是通过了。"这样，选官、审核完全由杨国忠一人垄断，使他更加猖狂地任用私人。而新选出的官吏的能力，自然也是一塌糊涂。

但杨国忠的如此做法，和他关系密切的一群大臣得到了好处，他们甚至一起请求唐玄宗给杨国忠立碑，歌颂其选官的效率和功绩。

朝局如此，李白和杜甫怎么可能有机会，李白在京城两月余，一事无成。他写道：

　　远别离，古有皇英之二女。

　　乃在洞庭之南，潇湘之浦。

　　海水直下万里深，谁人不言此离苦？

　　日惨惨兮云冥冥，猩猩啼烟兮鬼啸雨。

　　我纵言之将何补？皇穹窃恐不照余之忠诚。

　　雷凭凭兮欲吼怒，尧舜当之亦禅禹。

　　君失臣兮龙为鱼，权归臣兮鼠变虎。

　　或云：尧幽囚，舜野死。

　　九嶷联绵皆相似，重瞳孤坟竟何是？

　　帝子泣兮绿云间，随风波兮去无还。

　　恸哭兮远望，见苍梧之深山。

　　苍梧山崩湘水绝，竹上之泪乃可灭。

❀诗仙的偶像

再入长安，李白郁郁寡欢。不只是自己的前途未卜，国事也不容乐观。此时，李白收到一封信，邀他去宣城。来信人是宣城郡长史李昭，李白看了，心怀大畅，原来谢朓有很多遗迹就在宣城，此人的诗风清新秀逸，而他孤傲的性格也和李白相似，是李白的偶像。李白立刻告别杜甫，前往宣城。

再入长安，李白郁郁寡欢。不只是自己的前途未卜，看来国事也不容乐观。

此时，李白收到一封信，邀他去宣城。来信人是李白的从弟，宣城郡长史李昭，信中说："宣州自古为名邑上郡。星分斗牛，地控荆吴，为天下之腹心，实江南之奥壤。既有山川之胜，又兼海陆之富。永嘉以后，衣冠避难，多来江左；六朝文物，萃于斯邑。"

特别是李昭写道："南齐谢元晖守此郡时，建斋以居，以其居高临下，故谓之高斋。后世几经修葺，犹可登览。登斯楼也，城郭皆在掌中，山川尽入心目。北望敬亭崛起于川原之中，横崎若屏障，联绵三十余里，尤为一郡之雄秀。此高人逸士所必仰止而快登也！弟佐此郡，政清且闲。每登高斋，时游敬亭。望风怀想，能不依依？吾兄曷兴乎来！继余霞成绮之句，赋临风怀谢之章，舍兄其谁哉！"

李白看了，心怀大畅，原来这个"南齐谢元晖"，也就

是南齐建武年间的诗人谢朓，此人的诗风清新秀逸，而他孤傲的性格也和李白相似，他是李白的偶像。想到自己最仰慕的谢朓遗迹尚存，而从弟李昭又盛情相邀，李白立刻告别杜甫，前往宣城。

天宝十二年的秋天，李白在南下宣城途中来到长江边的横江渡，写了六首《横江词》，下面请看其中的五首。

江水拍岸，白浪滔天，他用女儿家的口气写道：

> 人道横江好，侬道横江恶。
> 猛风吹倒天门山，白浪高于瓦官阁。

江上并无船家，李白四处寻访：

> 横江馆前津吏迎，向余东指海云生，
> "郎今欲渡缘何事？如此风波不可行。"

这位江边的官吏接着说：

> 月晕天风雾不开，海鲸东蹙百川回。
> 惊波一起三山动，公无渡河归去来！

李白无奈，在横江渡口暂时住下，每日看到：

> 横江西望阻西秦，汉水东连杨子津。
> 白浪如山哪可渡？狂风愁杀峭帆人。
> 海神来过恶风回，浪打天门石壁开。

浙江八月何如此，涛似连山喷雪来！

等了半月有余，风平浪静，李白才来到宣城，受到长史李昭的盛情款待。他看宛溪水，望敬亭山，登山临水，处处追寻谢朓的遗迹。

李白这一时期处处透露出安静祥和的味道。比如《谢公亭》：

> 谢亭离别处，风景每生愁。
> 客散青天月，山空碧水流。
> 池花春映日，窗竹夜鸣秋。
> 今古一相接，长歌怀旧游。

比如《独坐敬亭山》：

> 众鸟高飞尽，孤云独去闲。
> 相看两不厌，只有敬亭山。

宣城泾县的汪伦一直是李白的"粉丝"，他听说李白来到宣城，特意邀请到桃花潭家中赏玩，并且相约一群乡亲到河边给李白表演"踏歌"。

李白被乡亲的盛情感动，辞别时口占七绝一首：

> 李白乘舟将欲行，忽闻岸上踏歌声。
> 桃花潭水深千尺，不及汪伦送我情。

但诗意是暂时的，现实是无处不在的，恰好监察御史李华出巡东南，路过宣城，他是李白的族叔，他将带来令李白不安的情绪。

叔侄相见，李白邀李华同登谢朓楼。

在楼上，两人登临望远，两人都感觉朝廷开始动荡，好像山雨欲来，李华说起自己前一阵子路过古战场，凭吊一番，写了篇《吊古战场文》，这是一篇骈文：

浩浩乎！平沙无垠，夐不见人，河水萦带，群山纠纷。黯兮惨悴，风悲日曛。蓬断草枯，凛若霜晨。鸟飞不下，兽铤亡群。亭长告余曰："此古战场也。常覆三军，往往鬼哭，天阴则闻。"

伤心哉！秦欤？汉欤？将近代欤？吾闻夫齐魏徭戍，荆韩召募，万里奔走，连年暴露。

沙草晨牧，河冰夜渡；地阔天长，不知归路。寄身锋刃，腷臆谁诉？秦汉而还，多事四夷；中州耗斁，无世无之。古称戎夏，不抗王师。文教失宣，武臣用奇；奇兵有异于仁义，王道迂阔而莫为。

呜呼噫嘻！吾想夫北风振漠，胡兵伺便。主将骄敌，期门受战。野竖旄旗，川回组练。法重心骇，威尊命贱。利镞穿骨，惊沙入面。主客相搏，山川震眩。声析江河，势崩雷电。

至若穷阴凝闭，凛冽海隅；积雪没胫，坚冰在须。鸷鸟休巢，征马踟蹰，缯纩无温，堕指裂肤。当此苦寒，天假强胡，凭陵杀气，以相剪屠。径截辎重，横攻士卒；都尉新降，将军覆没。尸填巨港

之岸，血满长城之窟。无贵无贱，同为枯骨，可胜言哉！鼓衰兮力尽，矢竭兮弦绝。白刃交兮宝刀折，两军蹙兮生死决。降矣哉，终身夷狄；战矣哉，暴骨沙砾。鸟无声兮山寂寂，夜正长兮风淅淅。魂魄结兮天沉沉，鬼神聚兮云幂幂。日光寒兮草短，月色苦兮霜白。伤心惨目，有如是耶？

吾闻之：牧用赵卒，大破林胡，开地千里，遁逃匈奴。汉倾天下，财殚力痡。任人而已，其在多乎？周逐猃狁，北至太原，既城朔方，全师而还。饮至策勋，和乐且闲。穆穆棣棣，君臣之间。秦起长城，竟海为关，荼毒生灵，万里朱殷。汉击匈奴，虽得阴山，枕骸遍野，功不补患。

苍苍蒸民，谁无父母？提携捧负，畏其不寿。谁无兄弟，如足如手？谁无夫妇，如宾如友？生也何恩，杀之何咎？其存其没，家莫闻知。人或有言，将信将疑。悁悁心目，寝寐见之。布奠倾觞，哭望天涯。天地为愁，草木凄悲。吊祭不至，精魂何依？必有凶年，人其流离。呜呼噫嘻！时耶？命耶？从古如斯。为之奈何？守在四夷。

李白的心绪又乱了，他在谢朓楼上写下了《陪侍御叔华登楼歌》：

弃我去者，昨日之日不可留。
乱我心者，今日之日多烦忧。
长风万里送秋雁，对此可以酣高楼。

蓬莱文章建安骨，中间小谢又清发。

俱怀逸兴壮思飞，欲上青天揽明月。

抽刀断水水更流，举杯消愁愁更愁。

人生在世不称意，明朝散发弄扁舟。

回到住处，又闻噩耗，他经常去买酒的那家店主人，姓纪的老者突然故去。这下触动李白的心事，不由得悲从中来，他写下《哭宣城善酿纪叟》：

纪叟黄泉里，还应酿老春。

夜台无李白，沽酒与何人？

安史之乱

李白立刻赶回河南，李华的文章提醒了他，中原一直是兵家必争之地。他一个人去了金陵，看看这里能否躲避风雨。果然，天宝十四年十一月，安禄山起兵20万，发动叛乱。

这就是安史之乱的开始。

越来越多的情况表明，暴风雨快要来了，虽然李白还不清楚将来会怎样，但他的直觉告诉自己，可能会有一场大的动荡。

李白立刻赶回河南，李华的文章提醒了他，河南虽好，但中原一直是兵家必争之地。他一个人去了金陵，看看这里能否躲避风雨。

果然，天宝十四年十一月，安禄山起兵 20 万，发动叛乱。这就是安史之乱的开始，所谓安史之乱，先是安禄山，后是史思明。

和李白知道的一样，安禄山是营州柳城（今辽宁朝阳）的杂胡。但他不知道的是，安禄山之所以飞黄腾达，有他所特有的机缘。

安禄山年轻时便拜幽州（今北京）节度使张守珪为养父。由于养父的照顾，加上他本人弓马娴熟，他屡次对契丹和奚作战有功，一时青云直上。

原来唐玄宗热衷于对外作战，扩大疆土，他下令在边境驻守重兵，共设立了十大兵镇，以节度使作为最高军事长官，后来又监管了行政权，地方上无人能加以节制。

最初的几任节度使都由中央派大臣充任，立有军功后往往会调离军镇，入朝拜相。天宝以后，李林甫为了巩固自己的权力，防止节度使来抢自己的位子，他借口文官不懂军事，开始用胡人担任节度使。安禄山终于有机会坐上了节度使的位子。

随后安禄山进京面圣，唐玄宗非常喜欢这个大胖子，认为他是一片忠心。而安禄山特别了解唐玄宗的心思，他知道唐玄宗特别宠爱杨贵妃，因此拜杨贵妃为母。

安禄山从而同时身兼平卢、范阳、河东三镇节度使，封东平郡王。

皇帝很喜欢安禄山，贵妃也很喜欢安禄山，但是有人不喜欢他，这就是李林甫和杨国忠。

安禄山知道李林甫和杨国忠的厉害，他回到边关，开始是为了自保，收下契丹、奚等民族的八千壮士为干儿子，编成一支精兵，起名叫"曳落河"。又在家丁当中挑选出 100 名勇士，训练成自己的卫队。

自己的兵越来越多，他的野心也越来越大，安禄山拼命招揽各种人才，手下谋士众多，主要是高尚和严庄，武将就更多了，其中以史思明、安守忠、李归仁、蔡希德、牛廷价、向润容、李庭望、崔乾祐、尹子奇、田承嗣和阿史那承庆最为彪悍善战。

李林甫死后，杨国忠独断专权，他对安禄山十分不满，经常对唐玄宗说安禄山要造反。安禄山终于在天宝十四年十一月，以奉密旨讨杨国忠为名，发动叛乱。

安禄山率军20万，从范阳出发，一路南下，朝廷承平日久，根本毫无防备，军备形同虚设。河北一举而下，河南的政府军也是节节败退，叛军直逼东都洛阳。

这时驻守洛阳的是新任平卢、范阳节度使封常清，他在当地募兵6万，然而这些新招募的军队根本就不是在边关常年征战的叛军的对手，东都洛阳立刻沦陷。

封常清逃出洛阳，直奔陕州（今河南三门峡），和一路败退下来的讨叛副元帅高仙芝会合，共同守住了潼关——长安的门户。而安禄山叛军的前锋已经抵达潼关外的陕县，政府军暂时凭借坚固的城防，与叛军对峙。

就在此时，唐玄宗连出昏招，他先是下旨，临阵追究高仙芝、封常清一路败退的责任，将潼关的这两位最高指挥官斩首，哥舒翰替换把守潼关，而哥舒翰年老体衰，此时正在病中。

起初，安禄山打算亲自率精兵攻打潼关，接着直捣长安。

但是此时，后院起火，郭子仪和颜真卿在他的老家河北开始进攻，并且取得节节胜利。面对这种情况，安禄山只得收缩兵力，亲自驻守东都洛阳。

天宝十五年，也就是公元 756 年，李白在金陵听到了让他震惊的消息。

安禄山称帝了，他自称雄武皇帝，国号大燕，年号圣武，封其子安庆绪为晋王，并且分封诸将，建立自己的朝廷，正式与唐朝分庭抗礼。

但随后，李白又心有所喜，局势对安禄山开始不利，先是郭子仪率军在河北大败叛军悍将史思明，然后整顿军队，准备袭取叛军的大本营——范阳。

同时，镇守潼关的哥舒翰已经集结了 18 万兵马，他坚壁清野，决不出战，不给叛军的骑兵任何机会，使叛军难以越过潼关一步。

当了皇帝的安禄山后悔了，他后悔听从谋士严庄、高尚起兵的主意，把二人召进皇宫，大骂一顿。

就在这时，哥舒翰麾下有一个部将王思礼，他反复劝说哥舒翰上表朝廷，要求诛杀杨国忠以谢天下，让安禄山的叛乱失去借口，哥舒翰当即拒绝了。

消息传到了杨国忠的耳朵里面，他紧张起来，一天比一天恐惧，既担心安禄山，又担心哥舒翰。杨国忠奏请唐玄宗同意，在京城招募了 1 万人，由他的亲信杜乾运率领，既防备叛军，也防备哥舒翰。

但哥舒翰立刻上奏唐玄宗，要求将杜乾运的部队划归潼关统一指挥。唐玄宗当即表示同意。

天宝十五年六月初一，哥舒翰把杜乾运召进潼关杀死，这 1 万军队完全归哥舒翰指挥。

消息传到长安，杨国忠大惊失色，他手下已经没有军队了，只能依靠计谋制伏哥舒翰。

杨国忠告诉唐玄宗，说围困潼关的叛军崔乾佑兵力不足，其中驻守陕郡的兵力不超过 4000 的老弱残兵，官军应该主动出击。玄宗大喜，他立即下诏，命哥舒翰即刻率部东征，进攻陕郡，尽早收复东都洛阳。

哥舒翰接到诏书大惊，连夜起草了一道奏疏，说："安禄山久在边关作战，经验非常丰富，他的这次叛乱蓄谋已久，肯定有充分的准备。现在官军据城而守，时间越久对我们越有利。而叛军时间一久，必定疲惫。官军静观其变，看准时机乘虚而入，一定能击溃叛军，生擒安禄山。"

这时，准备袭取叛军大本营的郭子仪和李光弼也上书朝廷，称"官军正计划北上攻取范阳，到时候用叛军的妻儿老小作人质，招降叛军。现在只要守住潼关，叛军不日便会崩溃。"

唐玄宗犹豫不决，杨国忠又开始行动，他一再宣扬陕郡叛军毫无防备，近 20 万大军对付 4000 叛军，简直是易如反掌，玄宗倒向了杨国忠这边，开始连续不断下诏，催促哥舒翰出关决战。

天宝十五年六月初四，哥舒翰留下一部分老弱残兵守潼关，然后在恸哭中率军出关。

哥舒翰并无战心，一路上拖拖拉拉，走了 3 天，才到达灵宝（今河南灵宝东北）西原。

就在这里，官军中了埋伏，全军覆灭，哥舒翰被俘。随后潼关沦陷，长安城的门户洞开。

第五章

李白的最后篇章

幕府风云

　　安禄山的叛军攻破潼关城，唐玄宗仓皇出逃。都城长安被叛军占领。听说安禄山的叛军即将南下，李白决定带着妻儿老小逃到庐山去。唐玄宗下旨命太子李亨担任天下兵马元帅，同时命永王李璘负责长江流域的军事指挥。

　　太子李亨趁机在灵武登基，成为唐肃宗。到了至德元年九月，永王李璘出镇江夏，同时派韦子春赴庐山请李白出山，李白立刻随同永王东巡。一路上，逸兴奋发，作文赋诗歌颂永王和其麾下唐军的风采。不久，永王军队被朝廷宣布为叛军，一场鏖战，永王兵败被杀，李白入狱。

　　安禄山的叛军攻破潼关，长安城门户大开，无险可守，

唐玄宗仓皇出逃。长安城内乱作一团，无法组织防守，一夜之间被叛军占领。

都城失守的消息传来，李白痛心疾首，长叹不已。不久，又听说了更可怕的消息，安禄山的叛军即将南下，家也待不住了。三十六计走为上，李白决定带着妻儿老小逃到庐山去。可是，庐山在今天江西省九江市，路途遥远。这次收拾行装，心境和状况完全不同少年时的远游，狼狈不堪。一路之上，李白看到满眼的大好河山，却没有以往神采飞扬的表情，也没有下笔千言的诗兴。

逃亡途中，李白找到客店，安顿好家小，在院中踱步的时候，感觉自己就是汉朝那个奔赴匈奴、远离故土、在风沙中牧羊的苏武；自己就是那个秦末国破家亡、屡战屡败、被迫逃到孤岛的田横。功名事业完全成为泡影。而个人事小，国家事大，国家正在沦丧。李白心中无比凄凉，偏偏树上的杜鹃鸟也在日暮黄昏中声声悲鸣"不如归去！不如归去！不如归去！"他独立吟诗，像是回答杜鹃，又像是扪心自问："归心落何处？日没大江西！"一时神思恍惚，似乎叛军已占领整个国家。山河变色，百姓沦亡，人们都被迫脱下汉服，穿上了胡服。放弃了斗拱飞檐的房屋，住上了帐篷。他想，"该怎么办呢？"突发奇想，不如学春秋战国的申包胥，申包胥是楚国的大夫，伍子胥于楚昭王十五年率领吴国军队攻破楚国。申包胥跑到秦国求救，但秦哀公一时犹豫不决，申包胥就大哭 7 天，终于打动秦哀公，秦军出兵救楚。可是看看唐帝国的周围，北方的突厥、西边的大食和吐火罗、西南的天竺和吐蕃、南方的真腊和林邑，东方是日本和新罗。不是曾经的敌人，就是实力太弱，鞭长莫及。

一路辗转，李白一家虽然终于逃到庐山，暂时得以安宁，可是心里却不能平静，白天探听战事情形，夜里辗转反侧思虑国家安危。当他听说安禄山攻克了东都洛阳，已经自称大燕皇帝时，满腔怒火涌上心头，奋笔疾书，写下"俯视洛阳川，茫茫走胡兵。流血涂野草，豺狼尽冠缨"的诗句，痛骂叛军暴行，痛斥那些叛军将领是豺狼当道。此时，李白万万没有想到，过不了两年，他也会被朝廷当做叛军的一员。更想不到，他竟然还会被投进监狱。

天宝十五年（755 年）七月，唐玄宗采纳了宰相房琯等人的建议，下旨命以太子李亨担任天下兵马元帅，率领朔方、河东、河北诸道兵马，准备收复都城长安和东都洛阳。同时命永王李璘担任山南东道、岭南、黔中、江南西道节度都使，负责长江流域的军事指挥。太子李亨却趁机在灵武登基，成为唐肃宗，改年号为至德，遥尊唐玄宗为太上皇。唐玄宗被逼退出皇位，一时风云突变，朝局动荡不安。

到了至德元年（755 年）九月，永王李璘出镇江夏，积极招募将士，筹集军用物资粮草，准备率领季广琛、浑惟明等将领东巡。

李白在庐山中熬了几个月，突然故友韦子春来访。这韦子春是李白天宝初年在京城结识的朋友，现在是永王帐下的司马。他这次是专门奉永王之命，来聘请李白。李白听到这个消息，多少天来的郁闷一扫而光，十分兴奋地对朋友说，"这下大唐中兴有望了，永王东征金陵，然后以金陵为根据地，接着北进。分兵两路，一路沿着京杭大运河杀奔河南，一路乘海舟渡辽海直捣叛军老巢，天下一举而定。"两人把酒言欢，对坐豪言，李白当即准备出山。

过了几天，韦子春又上山来，带来银钱衣冠，肩舆一乘。还有永王最亲信的谋士判官李台卿的亲笔信，信中写道："谢公不出，奈苍生何！"把李白比做指挥淝水之战、以少胜多的谢安。李白一看，心中大动，又想马上跟韦子春下山。当他进去准备收拾东西时，宗氏却拉着他袖子哭了起来："哪有大年三十出门的？还是过了年再说吧！"李白立即换上衣冠，把银钱留在家中，然后挥笔写下"归来傥佩黄金印，莫见苏秦不下机"的豪言壮语。并送给韦子春名为《赠韦秘书子春》的诗，其中写道"终与安社稷，功成去五湖"，随即乘舆出山。

永王的军队这时正在庐山附近的浔阳江边，听说李白来了，在自己的指挥用的高大的楼船上大摆筵席，音乐歌舞，麾下众人吟诗作赋表示欢迎。李白当场赋诗一首，诗中写道："浮云在一决，誓欲清幽燕。愿与四座公，静谈金匮篇。齐心戴朝恩，不惜微躯捐。所冀旄头灭，功成追鲁连。"表示要和大家一起协力同心共破叛军。

在随同永王东巡的路上，李白心情激荡，豪气纵横，接连写下了《永王东巡歌十一首》。其中写道："永王正月东出师，天子遥分龙虎旗。楼船一举风波静，江汉翻为雁鹜池。"又写道："试借君王玉马鞭，指挥戎虏坐琼筵。南风一扫胡尘静，西入长安到日边。"朝局又发生变化，唐肃宗看到永王兵力雄厚，马上下圣旨命永王去四川，回到太上皇身边去，要削掉永王的兵权。永王不从，唐肃宗随即宣布永王军队为叛军，并下令讨伐。

就在此时，永王身边的李白还在幻想自己已经化身谢安，消灭叛军，说"但用东山谢安石，为君谈笑静胡沙"。却丝

毫未察觉已置身于旋涡之中。

终于，该来的来了，唐肃宗派宦官啖廷瑶和成式等人征讨永王李璘。而当时的河北兵马也被召来，一时间朝廷的军队兵强马壮，众将领随即大阅士兵。永王登城遥望，面有惧色。有个谋士一看此情此景，知道大势已去，私下对永王手下众将说："大家跟随永王，难道想造反吗？太上皇现今流亡在蜀中，道路不通。如果集合军队，长驱直入，可以大功告成。可是情况却不是这样，不是让我们这些人背上叛逆的罪名吗？以后怎么对后世交代？"大家纷纷同意，于是割臂盟誓，随后各自率兵溃散，永王实力大减。李白却仍在军营中，毫无察觉。

当晚，朝廷军队在江边列队，燃起一束束的苇草，火光倒映在水中。永王得到禀报，误以为朝廷军队已经渡过长江。已经是惊弓之鸟的永王随即携带家小和亲信部下逃跑。到了天明才察觉，马上又回到城中，军心已经涣散。朝廷军队接到禀报，说："永王走了！"马上派兵进攻，永王一败涂地，逃奔鄱阳，不久被杀死。

在金陵之战中，李白也被挟裹在叛军中，经历了人生中唯一的一次战斗，眼看着周围军士纷纷倒地，耳听到刀枪撞击、人喊马嘶。儒士的衣冠救了他一命，所以处处不被朝廷军队注意，因此九死一生，从乱军中逃出。但几乎就要到庐山家中了，却在庐山脚下的彭泽被盘查的军队捕获，被押送当地官府，立刻被丢进浔阳的监狱，罪名是"附逆作乱"。

狱中杂记

宗氏夫人知道了夫君的下落，她收拾了银钱到监狱打点。好不容易见到了李白。李白写下文书，交与夫人。杜甫听到李白下狱的消息，一时悲愤异常，他相信好友绝不会做出"附逆作乱"这种事。这时，宗娘子把李白的申辩文书誊写一份，托人转给高适，高适接到后却无动于衷。

这一年是唐肃宗至德二年（757年）的春天，浔阳就在长江边上，监狱内阴暗潮湿，李白独坐囚室，听得见窗外啾啾的鸟鸣，看不见窗外的春意盎然，心下黯然。

好在离家已经很近了，宗氏夫人立刻就知道了夫君的下落。宗娘子是大家闺秀，加之当年娘家在"韦后之变"中被株连，也曾遭变故。因此宗娘子虽然是悲悲切切，但是并没有惊慌失措，她收拾了当年唐玄宗赏赐的银钱，到监狱打点。好不容易见到了李白。夫人说："夫君名满天下，故友多在宦途，如今虽然有牢狱之灾，但是不必如此沮丧。马上写一篇申辩的文书，看看哪一位大人能在刑部美言几句。"李白写下文书，交与夫人。他说："不必找哪一位大人，直接去蜀中找太上皇和贵妃，当年在长安太上皇和贵妃对我不薄，若不是小人作祟，我焉能离开翰林院。"

宗娘子连连点头，接过文书，出了监狱，却是连连的苦笑。心想，夫君还不知道太上皇如今是空有其位，而贵妃娘

娘早已在马嵬坡便殁了。现今去蜀中找太上皇搭救简直是痴人说梦。

暂且不提宗娘子如何，先说一说"马嵬之变"——杨贵妃之死。

潼关城破以后，唐玄宗得到禀报，叛军正在奔袭长安。

长安城如今是空城一座，根本无法守城。唐玄宗立刻决定弃城而走。他召集杨贵妃姊妹和国舅杨国忠，并少许亲信大臣，由禁军统帅陈玄礼率军保护，出延秋门逃出长安。

唐玄宗过便桥后，杨国忠命人烧掉此桥防止叛军追赶。玄宗得知后，说："官吏、百姓避贼逃生全赖此桥，不能断了众人的生路？"然后命高力士留下督促灭火，自己拼命往咸阳赶去，如今是漫无目的的逃命，根本没有目标，只觉得离叛军越远越好，离长安越远越好。

到了中午来到咸阳，县令和官吏全都逃走了，根本无人迎接。唐玄宗饥饿难耐，杨国忠亲自去百姓家买了胡饼献上。

再说此时的长安城，这天还有官员入朝，禁卫仍然戒备森严。但是宫门打开后，宫女宦官夺门而出，说皇帝已经出宫了，不知去向，这下消息传出，全城一片混乱，军民人等四散逃命。

唐玄宗等人一路奔走，到第二天，已经来到距长安百余里的马嵬坡，此地有一个小小的驿站——马嵬驿，唐玄宗暂时在马嵬驿歇息片刻。此时护卫的禁军士卒已经奔波两日，又饿又累，怨声载道。

到了中午时分，随同唐玄宗队伍的20多位吐蕃使者拦住杨国忠的马头，要求供应饭食，杨国忠还没来得及答复。忽然听到禁军中有士兵大喊："杨国忠与胡虏谋反！"此言一出，杨国忠大惊失色，正要回头看是谁喊叫，禁军队伍中有人放箭，正中他的马鞍。杨国忠慌忙策马逃命，一群禁军一拥而上，在马嵬驿的西门把他杀死。

随后，杨贵妃的姐姐秦国夫人和韩国夫人被杀，杨国忠的儿子户部侍郎杨暄也被杀死。大臣魏方进怒斥："尔等怎么敢杀宰相！"立刻也被哗变的禁军杀死。

接着，军士们把驿站包围起来大声鼓噪。

这时唐玄宗听到声音，问怎么回事，旁边的宦官回答说："杨国忠谋反，被禁军杀了。"唐玄宗立刻拄着手杖，走出驿站，到门口安抚军士，下令收队，禁军不听命令。

唐玄宗无奈，令高力士去禁军处询问到底如何，禁军统帅陈玄礼说："国舅杨国忠谋反，贵妃不应该继续侍奉皇上，希望陛下将她正法。"唐玄宗听到回报，拄着手杖，连连摇头，说："这事朕亲自处置。"

此时军士们的鼓噪声更大了，怒吼中夹杂着斥骂，京兆府司录韦谔走到唐玄宗跟前，跪拜说："如今众怒难犯，祸乱就在眼前，请陛下速速决断！"唐玄宗仍然不置可否。韦谔跪在地上重重地叩头，额头流血。唐玄宗说："贵妃居住在深宫内院，哪会参与杨国忠的谋反？"高力士说："贵妃确实无罪，但军士已经杀了贵妃的哥哥，如果贵妃仍在陛下身边，军士们怎肯罢休，请圣上三思，如今情况危急，军士们安心，则圣上才能平安啊。"玄宗无耐，下诏缢死杨贵妃，然后高力士把杨贵妃的尸体抬到院子里，让禁军统帅陈玄礼等人进来检看。

陈玄礼等人验看尸体后，脱掉盔甲，磕头请罪，高呼万

岁。这时，杨国忠的妻子裴柔、幼子杨晞，还有杨贵妃的姐姐虢国夫人母子乘乱脱走，但他们只跑到陈仓，就被捉住，全部被杀。

这就是"马嵬之变"。

此时，杜甫听到李白下狱的消息，一时悲愤异常，他相信好友绝不会做出"附逆作乱"这种事。在《寄李十二白二十韵》中，杜甫写道：

> 昔年有狂客，号尔谪仙人。
>
> 笔落惊风雨，诗成泣鬼神。
>
> 声名从此大，汩没一朝伸。
>
> 文彩承殊渥，流传必绝伦。
>
> 龙舟移棹晚，兽锦夺袍新。
>
> 白日来深殿，青云满后尘。
>
> 乞归优诏许，遇我宿心亲。
>
> 未负幽栖志，兼全宠辱身。
>
> 剧谈怜野逸，嗜酒见天真。
>
> 醉舞梁园夜，行歌泗水春。
>
> 才高心不展，道屈善无邻。
>
> 处士祢衡俊，诸生原宪贫。
>
> 稻粱求未足，薏苡谤何频。
>
> 五岭炎蒸地，三危放逐臣。
>
> 几年遭鵩鸟，独泣向麒麟。
>
> 苏武先还汉，黄公岂事秦。
>
> 楚筵辞醴日，梁狱上书辰。
>
> 已用当时法，谁将此义陈。

老吟秋月下，病起暮江滨。
莫怪恩波隔，乘槎与问津。

随后，杜甫又在《梦李白二首》中写道：

其一：

死别已吞声，生别常恻恻。
江南瘴疠地，逐客无消息。
故人入我梦，明我长相忆。
恐非平生魂，路远不可测。
魂来枫叶青，魂返关塞黑。
君今在罗网，何以有羽翼。
落月满屋梁，犹疑照颜色。
水深波浪阔，无使皎龙得。

其二：

浮云终日行，游子久不至。
三夜频梦君，情亲见君意。
告归常局促，苦道来不易。
江湖多风波，舟楫恐失坠。
出门搔白首，若负平生志。
冠盖满京华，斯人独憔悴。
孰云网恢恢，将老身反累。
千秋万岁名，寂寞身后事。

朋友的关心是温暖的，但杜甫无权无势，空有愤懑毫无用处，李白还在狱中。

这时，在狱外营救李白的宗娘子正一筹莫展，她心想，李白的朋友不少，可是远水不解近渴。捉获李白的部队隶属高适统辖，当年李白与高适有旧，不如去找他试试看。宗娘子打定主意，把李白的申辩文书誊写一份，托人转给高适，高适接到后却无动于衷。

突然中止的流放

宗娘子没有收到高适的回信，知道他不会帮忙了。于是，她开始翻阅李白的诗稿，想从中找到能对案件有帮助的人。她发现御史中丞宋若思是李白故友之子。宗娘子又把李白的申辩文书誊写一份，托人转给宋若思。宋若思收到信后，为李白洗清了罪名，随即下令无罪释放。过了不久，宋若思上表将李白推荐给朝廷。谁知风云突变，唐肃宗下旨，"李白流放夜郎（今贵州）"。

宗娘子没有收到高适的回信，知道他不会帮忙了。于是，她开始翻阅李白的诗稿，想从中找到能对案件有帮助的人。

终于，让她找到一首诗，题目是《江夏别宋之悌》，写于开元二十二年。诗中说：

楚水清若空，遥将碧海通。

人分千里外，兴在一杯中。

谷鸟吟晴日，江猿啸晚风。

平生不下泪，于此泣无穷。

宗娘子知道这个宋之悌，曾是益州长史，还做过剑南节度使兼采访使，后来又任过河东节度使兼太原尹。据李白的序文记述，写这首诗时，宋之悌正在逆境之中，要被贬到安南都护府（今越南）去，李白知道后，专程赶到江夏去送行。

看来，李白和宋之悌是患难之交，但李白是"附逆"的罪行，无论是剑南节度使兼采访使，还是河东节度使兼太原尹，都是地方官员，管不到这种事情啊。

宗娘子继续看，她又找到了一封信，这是宋之悌写给李白的，都是谈论诗文，叙述友情的事情，但是其中提到他有一个儿子叫宋若思。

"宋若思"，宗娘子看到这个名字，简直欣喜若狂。宋若思如今是御史中丞，而御史中丞是朝廷中负责案件审核处理的最高官员。

宗娘子一分钟都没有耽搁，她又把李白的申辩文书誊写一份，托人转给御史中丞宋若思。

宋若思收到信后，立刻行动起来，他找到专门负责李白一案的江南宣慰使崔涣，两人商议一番后，为李白洗清了罪名，随即下令无罪释放。然后，宋若思将李白接到自己的府衙，慰问一番，留做自己的幕僚。过了不久，宋若思上表将李白推荐给朝廷。李白正在踌躇满志，心想自己否极泰来，这下要大展宏图了，谁知风云突变，唐肃宗下旨，"李白流

放夜郎（今贵州）"。

李白二进宫——又被抓回狱中。

李白刚进监狱，事情似乎又有了转机。

官军一举收复二京——长安、洛阳，朝廷下令"普天同庆，赐酺五日"。

李白听说此事，写了《上皇西巡南京歌十首》：

其一：

> 胡尘轻拂建章台，圣主西巡蜀道来。
> 剑壁门高五千尺，石为楼阁九天开。

其二：

> 九天开出一成都，万户千门入画图。
> 草树云山如锦绣，秦川得及此间无？

其三：

> 华阳春树似新丰，行人新都若旧宫。
> 柳色未饶秦地绿，花光不减上阳红。

其四：

> 谁道君王行路难？六龙西幸万人欢。
> 地转锦江成渭水，天回玉垒作长安。

其五：

> 万国同风共一时，锦江何谢曲江池？
> 石镜更明天上月，后宫亲得照蛾眉。

其六：

> 濯锦清江万里流，云帆龙舸下扬州。
> 北地虽夸上林苑，南京还有散花楼。

其七：

> 锦水东流绕锦城，星桥北挂象天星。
> 四海此中朝圣主，峨眉山上列仙庭。

其八：

> 秦开蜀道置金牛，汉水元通星汉流。
> 天子一行遗圣迹，锦城长作帝王州。

其九：

> 水渌天青不起尘，风光和暖胜三秦。
> 万国烟花随玉辇，西来添作锦江春。

其十：

　　　　剑阁重关蜀北门，上皇归马若云屯。
　　　　少帝长安开紫极，双悬日月照乾坤。

　　诗中的"上皇"是指太上皇唐玄宗，全诗盛赞太上皇，并且预言天下即将太平，恢复繁华盛世。然而，李白却不知道，如今是唐肃宗掌权，李白写诗献给太上皇，烧香拜错了庙门，毫无用处。李白更不知道的是，所谓收复二京——长安、洛阳，根本就是一着错棋，距离天下太平，还要有好几年的光景。

　　唐肃宗做皇帝后，他的主要谋士是李泌，此人的政治谋略极为高明。李白和他相比，只是童子操刀，如果说李泌是博士研究生的话，李白勉强算是幼儿园大班的水平。

　　唐肃宗登基后，立嫡长子李豫为太子，同时准备任命另一个儿子——建宁王李倓为天下兵马元帅，去对付叛军。李泌立刻反对，他说："建宁王确实有统帅的才能，但是太子是他的兄长，如果建宁王击破叛军，太子的地位就危险了。"唐肃宗反驳说："太子是太子，元帅是元帅。"李泌说："不然，如今天下处于危险之中，百姓的希望都在元帅一人身上。如果建宁王成功，即使不让他当太子，追随他的人岂肯善罢甘休。我朝的太宗皇帝、当今的太上皇，最初都不是太子，但是立了大功，最后成了皇帝，这就是两个最好的例子！"

　　这句话打动了唐肃宗，太子成为天下兵马元帅，一场政治隐患被李泌消除了。

而李泌一直反对收复二京的战略，他认为"以臣之见，叛军虽然占据二京，但是他们却将所得的战利品运回到范阳（今北京）老巢，可见他们并没有一统天下的打算。既然叛军缺乏战略眼光，那么可以断定，不出两年叛乱就可以平定。如果朝廷命令大将李光弼从太原（今属山西）出井隆（今河北井隆西北）威胁范阳，大将郭子仪从冯翔（今陕西大荔）出河东（今山西永济西）威胁长安，两路进攻，那么范阳和长安的叛军都不敢轻举妄动，在洛阳的安禄山就会孤立无援。这时再派兵驻扎在长安附近的扶风（今属陕西），与郭李两军相互呼应，等待战机，到时候派大将李光弼直捣范阳叛军老巢。到时候，长安、洛阳的敌军没有退路，必定军心混乱，此时各路大军共同行动，则天下可定。"

但是，收复二京的诱惑太大了，唐肃宗没有采纳李泌的方案，损兵折将，取得了两座空城。

与此同时，在唐肃宗乾元元年，也就是公元 758 年，李白踏上了流放的道路。

杜甫听说此事，来不及送行，寄来一首诗，题名《不见》，里面写道：

> 不见李生久，佯狂真可哀。
> 世人皆欲杀，吾意独怜才。
> 敏捷诗千首，飘零酒一杯。
> 匡山读书处，头白好归来。

李白一路向南，水陆兼程，这一日又看到了三峡，想起年少时初出三峡的情景，想起 30 年前意气风发的少年，他

百感交集，写下《上三峡》：

> 巫山夹青天，巴水流若兹。
> 巴水忽可尽，青天无到时。
> 三朝上黄牛，三暮行太迟。
> 三朝又三暮，不觉鬓成丝。

李白乘舟逆流而上，来到夔州奉节——古白帝城。随后，他要弃舟登岸，继续南下。这时，喜从天降。

朝廷因旱灾，宣布赦免被判处流刑以下的罪犯，李白也在其中。李白欣喜若狂，他立刻买舟顺流而下，在船上写下了《早发白帝城》：

> 朝辞白帝彩云间，千里江陵一日还。
> 两岸猿声啼不住，轻舟已过万重山。

诗仙最后的日子

李白被大赦后，在回家的路上特别兴奋，他在诗中流露出一种盲目乐观的心情。到这年的秋天，李白仍在洞庭湖四处游荡，他还无意回家。此时，襄州出事了，他现在想回家也回不去了，襄州守将康楚元、张嘉延发动叛乱。第二年春天，李白回到他妻子寄居的豫章。

十一月，就在永王李璘造反那个地方，淮西节度副使刘展发动叛乱，粮价狂涨。

李白在一次宴会上，遇到了参与平定刘展之乱的浙西节度副使李藏用，他不胜欣喜，送给这位将军一篇《饯李副使藏用移军广陵序》。收复二京后，叛军的势头并没有被遏制，他们还在四下作乱。

到了安史之乱的第八个年头，叛乱还没有结束，唐玄宗、唐肃宗父子却先后去世。太子李豫登基，他就是唐代宗。天下兵马副元帅李光弼率部集结，准备收复睢阳。李白听到这个消息，决定去投靠族叔——当涂县令李阳冰。

李白被大赦后，在回家的路上特别兴奋，他在路过汉阳时，在一首诗中流露出一种盲目乐观的心情，他说：

> 去岁左迁夜郎道，琉璃砚水长枯槁。
> 今年敕放巫山阳，蛟龙笔翰生辉光。
> 圣主还听子虚赋，相如却欲论文章。
> 愿扫鹦鹉洲，与君醉百场。
> 啸起白云飞七泽，歌吟渌水动三湘。
> 莫惜连船沽美酒，千金一掷买春芳。

在诗中根本看不出"安史之乱"还在进行中，河北河南战火不断。随后在《天马歌》中，李白把自己比作"背为虎文龙翼骨"的天马：

> 天马来出月支窟，背为虎文龙翼骨。

嘶青云，振绿发，兰筋权奇走灭没。

腾昆仑，历西极，四足无一蹶。

鸡鸣刷燕晡秣越，神行电迈蹑慌惚。

天马呼，飞龙趋，目明长庚臆双凫。

尾如流星首渴乌，口喷红光汗沟朱。

曾陪时龙蹑天衢，羁金络月照皇都。

逸气棱棱凌九区，白璧如山谁敢沽。

回头笑紫燕，但觉尔辈愚。

天马奔，恋君轩，騤跃惊矫浮云翻。

万里足踯躅，遥瞻阊阖门。

不逢寒风子，谁采逸景孙。

白云在青天，丘陵远崔嵬。

盐车上峻坂，倒行逆施畏日晚。

伯乐翦拂中道遗，少尽其力老弃之。

愿逢田子方，恻然为我悲。

虽有玉山禾，不能疗苦饥。

严霜五月凋桂枝，伏枥衔冤摧两眉。

请君赎献穆天子，犹堪弄影舞瑶池。

志存高远的诗人，已经快 60 岁了，还有一颗锐意进取的心。

在《江夏赠韦南陵冰诗》，李白的情绪达到顶点，他沸腾了："我且为君捶碎黄鹤楼，君亦为我倒却鹦鹉洲。赤壁争雄如梦里，且须歌舞宽离忧。"

到这年的秋天，李白仍在洞庭湖四处游荡，他还无意回家。这天他在湖上遇到了故人族叔李晔。两人载酒中游，畅谈往事，酒酣耳热之时，李白诗兴大发，一口气写了三首五言绝句：

其一：

> 今日竹林宴，我家贤侍郎。
> 三杯容小阮，醉后发清狂。

其二：

> 船上齐桡乐，湖心泛月归。
> 白鸥闲不去，争拂酒筵飞。

其三：

> 划却君山好，平铺湘水流。
> 巴陵无限酒，醉杀洞庭秋。

此时，一场变故让李白跌落云端，从诗意的浪漫中清醒过来。

襄州出事了，他现在想回家也回不去了。

原来唐肃宗乾元二年（759 年），襄州（今湖北省襄樊）守将康楚元、张嘉延发动叛乱，占据襄州和荆州，兵力有上万人，康楚元自称为南楚霸王。唐肃宗派将军曹日升到襄州安抚，康楚元拒不投降。

八月底，商州刺史兼荆、襄等道租庸使韦伦发兵，一举击破叛军，活捉康楚元。

第二年春天，李白回到他妻子寄居的豫章（今江西南昌）。

这一年还没过去，才到十一月，就在永王李璘造反那个地方，淮西节度副使刘展发动叛乱，此地官军力量薄弱，他在很短时间连下数城，几乎控制了整个江淮地区，这是当时仅有的几块还算安定的产粮区之一了，这场叛乱一起，粮价狂涨。

正在对安禄山叛军作战的大将田神功回兵江淮，和刘展一场大战，到了上元二年，也就是公元761年，田神功的人马彻底击败刘展叛军。

李白在一次宴会上，遇到了参与平定刘展之乱的浙西节度副使李藏用，他不胜欣喜，送给这位将军一篇《饯李副使藏用移军广陵序》。

　　大功未足以盖世，威不可以震主。必挟此者，持之安归？所以彭越醢于前，韩信诛于后。况权位不及于此者，虚生危疑，而潜苞祸心，小拒王命。是以谋臣将啖以节钺，诱而烹之。亦由借鸿涛于奔鲸，脍生人于哮虎。呼吸江海，横流百川。左萦右拂，十有馀郡。国计未及，谁当其锋？我副使李公，勇冠三军，众无一旅。横倚天之剑，挥驻日之戈。吟啸四顾，熊罴雨集。蒙轮扛鼎之士，杖干将而星罗。上可以决天云，下可以绝地维。翕振虎旅，赫张王师。退如山立，进若电逝。转战百胜，僵尸盈川。水膏于沧溟，陆血于原野。一扫瓦解，洗清全吴。可谓万里长城，横断楚塞。不然，五岭之北，尽饵于修蛇，势盘地蹙，不可图也。而功大用小，天高路退。社稷虽定于刘章，封侯未施于李广。使慷慨之士，长吁青云。且移军广陵，恭揖后命。组练照雪，楼船乘风。箫鼓沸而三山动，旌旗扬而九天转。良牧出祖，烈将登筵。歌酣易水之风，气振武安之瓦。海日夜色，云河中流。席阑赋诗，以壮三军之事。白也笔已老矣，月何能为？

字里行间还是神气十足的盛唐气象，但是结尾的"白也笔已老矣，月何能为？"一句，透露出诗人已经不再是那个"飞扬跋扈为谁雄"的谪仙人了。

但李白终究是李白，在《醉后赠从甥高镇》中，他写道：

马上相逢揖马鞭，客中相见客中怜。
欲邀击筑悲歌饮，正值倾家无酒钱。
江东风光不借人，枉杀落花空自春。
黄金逐手快意尽，昨日破产今朝贫。
丈夫何事空啸傲，不如烧却头上巾！
君为进士不得进，我被秋霜生旅鬓。
时清不及英豪人，三尺童儿唾廉蔺。
匣中盘剑装鲳鱼，闲在腰间未用渠。
且将换酒与君醉，醉归托宿吴专诸。

李白的诗歌中始终回响着高昂激越的调子，即便是用随身的佩剑换了酒，他还要"醉归托宿吴专诸"，学一学春秋

时的刺客，学一学那位用鱼藏剑刺杀大臣王僚的专诸。

果然不出李泌所料，收复二京后，叛军的势头并没有被遏制，他们还在四下作乱。

到了宝应元年，即公元762年，这一年是"安史之乱"的第八个年头，叛乱还没有结束，唐玄宗、唐肃宗父子却先后去世。太子李豫登基，他就是唐代宗。

秋天，叛军攻克睢阳，天下兵马副元帅李光弼率部集结，准备收复睢阳，阻止叛军南下。李白听到这个消息，决定马上赶往徐州彭城李光弼的行营，要上阵杀敌。

谁知，还没走到彭城，他病在途中。病还没好，李白就打消了从军的念头，去投靠他的族叔——当涂县令李阳冰，在《献从叔当涂宰阳冰》中他写道：

> 金镜霾六国，亡新乱天经。
> 焉知高光起，自有羽翼生。
> 萧曹安屹屼，耿贾摧欃枪。
> 吾家有季父，杰出圣代英。
> 虽无三台位，不借四豪名。
> 激昂风云气，终协龙虎精。
> 弱冠燕赵来，贤彦多逢迎。
> 鲁连善谈笑，季布折公卿。
> 遥知礼数绝，常恐不合并。
> 惕想结宵梦，素心久已冥。
> 顾惭青云器，谬奉玉樽倾。
> 山阳五百年，绿竹忽再荣。
> 高歌振林木，大笑喧雷霆。

落笔洒篆文，崩云使人惊。

吐辞又炳焕，五色罗华星。

秀句满江国，高才揽天庭。

宰邑艰难时，浮云空古城。

居人若蕹草，扫地无纤茎。

惠泽及飞走，农夫尽归耕。

广汉水万里，长流玉琴声。

雅颂播吴越，还如泰阶平。

小子别金陵，来时白下亭。

群凤怜客鸟，差池相哀鸣。

各拔五色毛，意重泰山轻。

赠微所费广，斗水浇长鲸。

弹剑歌苦寒，严风起前楹。

月衔天门晓，霜落牛渚清。

长叹即归路，临川空屏营。

捉月而死

  宗氏娘子和儿子伯禽赶到当涂。李白一家暂时居住在谢朓赏玩过的谢公亭旁。李白把自己的诗稿托付给李阳冰，请他编纂成集，并请他为这本文集作序。李白细细地讲了自己的经历，这些都被李阳冰记在《草堂集序》中。公元757年，安禄山被刺杀。安庆绪成为大燕皇帝，严庄掌握了政权，史思

明掌握了军权。

史思明自叛乱以来一直留守范阳大本营。现在史思明开始和安庆绪分庭抗礼。随后,史思明进军邺郡,以少胜多,以 5 万人马击败唐朝的 60 万军队,杀死安庆绪,自称大燕皇帝。不久忠于史朝义的军队杀死史思明,拥立史朝义为帝。宝应元年,唐军和回纥军联合进攻,夺取洛阳。史朝义败退自杀,"安史之乱"正式结束。公元 764 年的正月,李白受到推荐,官拜左拾遗。消息传到当涂,李白已经不在人世了。

宗氏娘子和儿子伯禽接到李白的书信,收拾了家中的细软和诗稿,赶到当涂。李白一家暂时居住在谢朓赏玩过的谢公亭旁。

李白的精神略好了些,他思来想去,把自己的诗稿托付给李阳冰,请他编纂成集,并请他为这本文集作序。两人彻夜长谈,李白细细地讲了自己的经历,这些都被李阳冰记在《草堂集序》中:

李白,字太白,陇西成纪人,凉武昭王暠九世孙。蝉联珪组,世为显著。中叶非罪,谪居条支,易姓与名。然自穷蝉至舜,五世为庶,累世不大曜,亦可叹焉。神龙之始,逃归于蜀,复指李树而生伯阳。惊姜之夕,长庚入梦。故生而名白,以太白字之。世称太白之精,得之矣。不读非圣之书,耻为郑、卫之作,故其言多似天仙之辞。凡所著述,言多讽兴。自三代已来，《风》《骚》之后，驰驱屈、宋，鞭挞扬、马，千载独步，唯公一人。故王公趋风，列岳结轨。群贤翕习，如鸟归凤。卢黄门云：陈拾遗横制颓波，天下质文翕然一变。至今朝诗休，尚有梁、陈宫掖之风，至公大变，扫地并尽。今古文集遏而不行，唯公文章，横被六合，可谓力敌造化欤！天宝中，皇祖下诏，征就金马，降辇步迎，如见绮、皓。以七宝床赐食，御手调羹以饭之，谓曰："卿是布衣，名为朕知，非素蓄道义，何以及此。"置于金銮殿，出入翰林中，问以国政，潜草诏诰，人无知者。丑正同列，害能成谤，格言不入，帝用疏之。公乃浪迹纵酒。以自昏秽。咏歌之际，屡称东山。又与贺知章、崔宗之等自为八仙之游，谓公谪仙人，朝列赋谪仙之歌凡数百首，多言公之不得意。天子知其不可留，乃赐金归之。遂就从祖陈留采访大使彦允，请北海高天师授道箓于齐州紫极宫，将东归蓬莱，仍羽人，驾丹丘耳。阳冰试弦歌于当涂，心非所好，公遐不弃我，乘扁舟而相顾。临当挂冠，公又疾亟，草稿万卷，手集未修，枕上授简，俾予为序。论《关雎》之义，始愧卜商；明《春秋》之辞，终惭杜预。自中原有事，公避地八年，当时著述，十丧其九，今所存者，皆得之他人焉。时宝应元年十一月乙酉也。

自己一生的心血有了着落，李白的身体开始一天天地变好。他先是可以起床了，不几日，又可以散步了。

这一天，李白去了谢公亭，回家后，伯禽帮他研墨，李白写道：

沦老卧江海，再欢天地清。

病闲久寂寞，岁物徒芬荣。

借君西池游，聊以散我情。

扫雪松下去，扪萝石道行。

谢公池塘上，春草飒已生。

花枝拂人来，山鸟向我鸣。

田家有美酒，落日与之倾。

醉罢弄归月，遥欣稚子迎。

绚烂已极而归于平淡，李白晚年的山水诗不再夸张，不再激昂，更加朴素，越来越像他崇拜的谢朓了。

李白居住在当涂的第二年，是宝应元年，即公元 762 年，这一年的年底，"安史之乱"结束了。

从公元 757 年，安禄山的后院起火。安庆绪和谋士严庄定计，唆使安禄山最亲信的李猪儿刺杀安禄山之后，叛军的内讧越来越严重。

安庆绪接替安禄山成为大燕皇帝，但他的威望只能控制洛阳，无法控制全军，严庄掌握了政权，史思明掌握了军权。

史思明和安禄山关系莫逆，自叛乱以来，他一直留守范阳大本营。

在叛军攻克二京后，战利品都被运回范阳，现在史思明手握兵权，又有财物，开始和安庆绪分庭抗礼。

在唐军收复二京后，安庆绪从洛阳退到邺郡（今河南安阳北），严庄建议以调兵为借口，准备收回史思明的军权。

史思明识破此计，一不做，二不休，率领部下的范阳等十三郡以及 8 万军队，投降官军。受封为归义王，并授范阳节度使。

唐朝下令他率领本部人马讨伐安庆绪。史思明左思右想，安庆绪如果一死，自己恐怕也难保项上人头，于是又叛唐，重新投靠安庆绪。但是史思明并不听从安庆绪的指挥，而是重新巩固自己的地盘。

此时，唐朝派出九个节度使攻击邺郡，安庆绪向史思明求救。史思明却磨磨蹭蹭，作壁上观。

到了乾元二年，即公元 759 年，史思明在魏州（今河北大名北）自称大圣燕王。称王以后，他和安庆绪的君臣关系更是名存实亡。

随后，史思明进军邺郡，以少胜多，以 5 万人马击败唐朝的 60 万军队。

安庆绪无奈对史思明上表称臣，史思明将安庆绪骗至军营，将他杀死。随后史思明率军返回范阳，自称大燕皇帝，并改元顺天，将范阳定为燕京。

史思明称帝后，立刻渡过黄河，连下汴州（今河南开封）、郑州（今河南郑州），再克东都洛阳。一时间，叛军的实力大涨。

然而，好景不长，史思明家的后院也起了火，他先立大儿子史朝义为太子，随后又想立小儿子史朝清。忠于史朝义的军队哗变，杀死史思明，拥立史朝义为帝。

史朝义称帝后，和史朝清两派人马一场混战，双方各有

损失。叛军中的各个节度使纷纷自立，各占各的山头，整个叛军已经分崩离析。

宝应元年，唐军和回纥军联合进攻，夺取洛阳。史朝义败退至石头城（今河北唐山）附近温泉栅的树林中自杀，"安史之乱"正式结束。

衰老的诗人李白听说这个消息，百感交集，他唱道：

> 笑矣乎，笑矣乎！
> 君不见曲如钩，古人知尔封公侯。
> 君不见直如弦，古人知尔死道边。
> 笑矣乎，笑矣乎！
> 宁武子，朱买臣，叩角行歌背负薪。
> 今日逢君君不识，岂得不如佯狂人？
> 悲来乎，悲来乎！
> 主人有酒且莫斟，听我一曲悲来吟。
> 悲来不吟还不笑，天下无人知我心。
> 悲来乎，悲来乎！
> 天虽长，地虽久，金玉满堂应不守。
> 富贵百年能几何？死生一度人皆有。
> 孤猿坐啼坟上月，且须一尽杯中酒。

到广德二年，即公元764年的正月，唐代宗下诏，命天下诸州举荐人才。李白受到推荐，官拜左拾遗。但是消息传到当涂，李白已经不在人世了。《唐摭言》中记载："李白着宫锦袍，游采石江中，傲然自得，旁若无人，因醉，入水中捉月而死。"

☙诗人的后事

李白逝世 50 年后，范传正来到当涂，他在当涂县令诸葛纵的协助下，在当涂县南 10 里的龙山东麓找到了李白的坟墓。又花了 3 年时间找到了李白的两个孙女，她们是伯禽的女儿。

他们在当涂县东南 15 里的青山，重新为李白建了一座墓。题为"唐左拾遗翰林学士李公新墓碑"，范传正为碑文作序，序文先记述了李白的生平，随后记述了查访李白后代和重修坟墓的情况。又过了将近 30 年，裴敬来此拜谒李白墓，当涂百姓告诉他，李白先生的孙女至少五六年都没来扫墓了，可能也已经去世了。

唐宪宗元和年间，李白逝世 50 年后，时任宣、歙、池观察使的范传正来到当涂，他与李白有通家之好，他在当涂县令诸葛纵的协助下，在当涂县南 10 里的龙山东麓找到了李白的坟墓。又花了 3 年时间找到了李白的两个孙女，她们是伯禽的女儿。

他们在当涂县东南 15 里的青山，重新为李白建了一座墓。题为"唐左拾遗翰林学士李公新墓碑"，范传正为碑文作序，序文先记述了李白的生平：

骐骥筋力成，意在万里外。历块一蹶，毙于空谷。惟余骏骨，价重千金。大鹏羽翼张，势欲摩穹

昊。天风不来，海波不起。塌翅别岛，空留大名，人亦有之，故左拾遗、翰林学士李公之谓矣。公名白，字太白，其先陇西成纪人。绝嗣之家，难求谱谍。公之孙女搜于箱箧中，得公之亡子伯禽手疏十数行，纸坏字缺，不能详备。约而计之，凉武昭王九代孙也。隋末多难，一房被窜于碎叶，流离散落，隐易姓名。故自国朝已来，编于属籍。神龙初，潜还广汉，因侨为郡人。父客以逋邑，遂以客为名。高卧云林，不求禄仕。公之生也，先府君指天枝以复姓，先夫人梦长庚而告祥，名之与字，咸所取象。受五行之刚气，叔叔心高；挺三蜀之雄才，相如文逸。瑰奇宏廓，拔俗无类。少以侠自任，而门多长者车。常欲一鸣惊人，一飞冲天，彼渐陆迁乔，皆不能也。由是慷慨自负，不拘常调，器度弘大，声闻于天。天宝初，召见于金銮殿。玄宗明皇帝降辇步迎，如见园、绮。论当世务，草答蕃书，辩如悬河，笔不停缀。玄宗嘉之，以宝床方丈赐食于前，御手和羹，德音褒美。褐衣恩遇，前无比俦。遂直翰林，专掌密命。将处司言之任，多陪侍从之游。他日泛白莲池，公不在宴。皇欢既洽，召公作序。时公已被酒于翰苑中，仍命高将军扶以登舟，优宠如是。既而上疏请还旧山，玄宗甚爱其才，或虑乘醉出入省中，不能言温室树，恐掇后患，惜而遂之。公以为千钧之弩，一发不中，则当摧撞折牙而永息机用，安能效碌碌者苏而复上哉！脱屣轩冕，释羁缰锁，因肆情性，大放宇宙间。饮酒非嗜其酣乐，取其昏以自富；作诗非事于文律，取其吟以自适。好神仙非慕其轻举，将不可求之事求之。欲耗壮心，遗余年也。在长安时，秘书监贺知章号公为谪仙人。吟公《乌栖曲》，云此诗可以器鬼神矣。时人又以公及贺监、汝阳王、崔宗之、裴周南等八人为酒中八仙。朝列赋谪仙歌百余首。俄属戎马生郊，远身海上，往来于斗牛之分，优游没身。偶乘扁舟，一日千里，或遇胜境，终年不移。长江远山，一泉一石，无往而不自得也。晚岁渡牛渚矶，至姑熟，悦谢家青山，有终焉之志。盘桓利居，竟卒于此。其生也，圣朝之高士！其往也，当涂之旅人。代宗之初，搜罗俊逸，拜公左拾遗。制下于彤庭，礼绛于玄壤。生不及禄，殁而称官，呜呼命欤！

又过了将近30年，唐武宗会昌三年，即公元843年，裴敬来此拜谒李白墓，他的曾叔祖就是那位裴将军裴旻。当涂百姓告诉裴敬，李白先生的孙女至少五六年都没来扫墓了，可能也已经去世了。

李白在最后的《临终歌》中写道：

> 大鹏飞兮振八裔，中天摧兮力不济。
> 馀风激兮万世，游扶桑兮挂石袂。
> 后人得之传此，仲尼亡兮谁为出涕？

《临终歌》译文：

大鹏奋飞啊振动八极，中天摧折啊力所不济。虽被摧折，

其余风啊仍可激扬万世，游于扶桑啊又挂住左翼；力虽不济，后人得此余风而可传此事迹，然而世无孔子，谁能为我的摧折而哭泣？

打开《李太白全集》，开卷第一篇就是《大鹏赋》。这篇赋的初稿，写于青年时代。可能受了庄子《逍遥游》中所描绘的大鹏形象的启发，李白在赋中以大鹏自比，抒发他要使"斗转而天动，山摇而海倾"的远大抱负。后来李白在长安，政治上虽遭到挫折，被唐玄宗"赐金还山"，但并没有因此志气消沉，大鹏的形象，仍然一直激励着他努力奋飞。他在《上李邕》诗中说："大鹏一日同风起，扶摇直上九万里。假令风歇时下来，犹能簸却沧溟水。……"也是以大鹏自比的。大鹏在李白的眼里是一个带着浪漫色彩的、非凡的英雄形象。李白常把它看做自己精神的化身。他有时甚至觉得自己就真像一只大鹏正在奋飞，或正准备奋飞。但现在，他觉得自己这样一只大鹏已经飞到不能再飞的时候了，他便要为大鹏唱一支悲壮的《临终歌》。

《临终歌》写得悲怆，又不失悲壮。唐代李华在《故翰林学士李君墓铭序》里说："年六十有二不偶，赋临终歌而卒。"

孤独的李白以歌告别这个世界，也告别自己。即使在临终之际，旧的理想覆灭了，又滋生出新的理想：大鹏半空夭折，遗风仍然激荡千秋万代；诗人死了，诗篇不死，精神不死还可能影响后人……

在生命开始倒计时的关头，绝望的李白又超越了绝望，不再为生前的寂寞惆怅，又开始继续梦想，梦想自己死后可能获得的尊敬与荣誉。